用好班规 带好班

李秀萍 ◎ 著

广州出版社
GUANGZHOU PRESS

图书在版编目（CIP）数据

用好班规带好班 / 李秀萍著. —广州：广州出版社，2022.8（2024.9重印）
ISBN 978-7-5462-3471-7

Ⅰ. ①用… Ⅱ. ①李… Ⅲ. ①班主任工作—文集 Ⅳ. ①G451.6-53

中国版本图书馆CIP数据核字（2022）第120812号

书　　名 用好班规带好班
Yonghao Bangui Daihao Ban
著　　者 李秀萍
出版发行 广州出版社
（地址：广州市天河区天润路 87 号 9 楼、10 楼　邮政编码：510635
网址：www.gzcbs.com.cn）
责任编辑 黄焕姗　杨朋云
责任校对 窦兵兵
印刷单位 广东鹏腾宇文化创新有限公司
（地址：珠海市香洲区唐家湾科技九路 88 号 10 栋厂房　邮政编码：519085
联系电话：0756-8283948）
规　　格 787 毫米×1092 毫米　1/16
字　　数 237 千
印　　张 12.5
版　　次 2022 年 8 月第 1 版
印　　次 2024 年 9 月第 4 次
印　　数 12001—14000 册
书　　号 ISBN 978-7-5462-3471-7
定　　价 48.00 元

发行专线：（020）38903519　38903518　38903521

“不起眼”小问题中的真谛（推荐序）

德育是社会问题，是人生问题，是人格问题，是影响一代人理想信念和人生选择的根和魂。面对社会不良风气下的工具化、功利化的教育导向和追求，面对不良的中小学生生存的社会文化生态环境，《用好班规带好班》一书的问世将给予我们诸多启示。

《用好班规带好班》这本著作，是李秀萍博士在长期研究的基础上，基于对学校班级日常生活的观察，尝试对班主任的一些困惑进行学理上的回答。在这本著作中，她没有进行宏大的理论叙事，而是选择把班级日常管理中特别“不起眼”的一个小问题——班规作为研究对象，着眼于探讨什么是班规，如何制定班规，如何确定班规内容，以及如何处理班规与班级制度、班级文化之间的关系等问题。正是因为“不起眼”，人们可能已经习以为常；正是因为习以为常，人们可能缺乏研究；正是因为缺乏研究，人们可能出现常识性错误。因此，选择这样一个小问题进行研究，是需要勇气和底气的。结合当前现实，李秀萍博士跳出规训化管理的局限，以班主任关心的问题为主线，提出学校班级建设的新思路。本书通过对这个话题的讨论，借助理性的分析以及提供鲜活的策略，开阔班主任的视野、更新班主任的理念，以班规这个“不起眼”的小问题来撬动班级建设这个大问题，为班级管理创新架起理论与实践的桥梁，展示了李秀萍博士求实的学术风格。

我认为该书在以下三个方面给予我们重要启示。

一、班规是一种制度性文化

李秀萍博士认为，班规是培养学生理性思维、批判质疑精神、勤于反思习惯、自我管理意识、社会责任、健全人格等的载体，能为学生提供一种规范，指导学生的德育生活。这一明确的定位，在基于规范性文化的基础上更突出班规的价值性文化引领作用。反观当下学生在班级中的生存样态，被动服从、被动管理、被动认同的现象比比皆是，这种被动生存文化与未来人才培养格格不入，也与学生主体性培养相冲突。我们应该重新理解班规的内涵，让制度满足学生发展人格、塑造人生的需求，满足学生坚定未来公民的正确政治方向和提升社会参与能力的需求。为此，我们需要对班级的文化价值进行再思考。

二、班规建设重在行为习惯的养成和价值引领

学校教育改革的核心是尊重进而张扬学生的主体性，使学生能够积极、主动、生动、活泼地发展。班级作为学生日常生活、学习的重要场所，其氛围、管理制度和所形成的师生关系、生生关系都深深地影响学生的主体意识、主体情感以及主体行动能力的培养，深刻影响着学生的核心素养的提升。

不管是强制性群体还是功利性群体，在班级生活中营造的都是不利于学生成长的教育生态环境。如何开展有创意的、促进学生多样化发展的社会实践活动，如何构建民主、开放、勇于开拓创新的班级组织，如何形成团结、和谐的班级文化氛围，基于此，李秀萍博士在本书中以价值引导与自主发展的统一为班规建设的核心，富有学理性地提出：要把握好班规的公共性、规范性、道德性、教育性、发展性及情感性的属性；用好班规，要处理好班级文化与班规、行为要求与价值引领、过程与结果、教师与学生、控制与自由五对关系。

我们知道，行为习惯的好坏实际上是一个人是否真正养成了一种良好品德的自动化表达方式，学生的道德行为实际上是在一种价值取向的基础上建立起来的行为习惯，没有良好行为习惯的人不可能有高素质。这就要求教师创设体现学生主体性和选择性的各种德育实践活动，在活动中丰富学生的成长经验和丰满学生的心灵结构。

三、个性化教育与班主任的教育智慧

班主任是学生成长过程中的导师，班主任对学生的关爱以及班主任的人格魅力，深深影响着学生的人生发展。基于此，李秀萍博士在本书中倾向于读懂班主任的角色和责任，认为研究者只有清楚班主任工作的属性和班级建设的属性，才能引领班主任在每一个班级中都演绎出精彩的生活。

班主任既要帮助学生养成良好的行为习惯和形成健康的世界观、人生观、价值观，更要尊重学生未成年的特质、唤醒学生的成长内驱力。在让学生服从管理与自主

管理之间必然会有冲突与张力，班主任能够驾驭这些冲突与张力，就体现了班主任的智慧与魅力。因此，班级管理无小事，班主任与学生相处无小事，小问题上往往能体现出班主任的大智慧。

李秀萍博士在攻读硕士学位和博士学位期间，一直从事课程与教学论的研究。工作之后，她一直致力于德育尤其是班主任工作的研究。课程与教学论的学术背景为她分析和解读班主任工作、深入班主任领域研究提供了非常好的学术基础和学科视野。15年来，她一直深入学校、深入一线班主任群体，不仅与班主任一起开展课题研究，还研发了系列课程对班主任开展专业培训，用自己的学术积淀，读懂班主任、读懂班级、读懂学生。在走近班主任的过程中，她积累了大量实践案例，也带领班主任进行了一些创造性的探索。

李秀萍博士在班主任领域已经积累了相当多的研究成果，这些研究成果不仅能够丰富班主任工作研究理论，同时也能给班主任工作实践带来变革。相信她能通过不懈的理论研究和实践探索，在中小学德育研究领域取得更多的研究成果，为推进我国学校德育的发展作出更大的贡献。

裴娣娜

2022年4月于求是书屋

自　序

行是知之始，知是行之成。作为一名研究者和培训者，一切的研究都起源于对实践的关注，一切的研究最终又要回到实践，指导实践，在实践中接受检验。

教育为本，德育为先。班级作为学生在校的重要生活和学习场域，班主任作为学生成长的重要引导者，对学生的道德成长发挥着重要的作用。

以班规为重要载体的班级制度是班级建设的重要内容，也是帮助学生养成良好的行为习惯、树立规则意识进而形成积极健康价值观的重要工具。

“不以规矩，不能成方圆”是班主任经常挂在嘴边的一句话，班规也是班级建设的基本内容。但看似简单的日常工作，教师在实践中却有很多的困惑。

班规制定的目的性困惑。班规作为一种制度性文化，为学生提供了一种规范。通过这种规范，教师将学生的思想和行为引导到社会倡导的主流价值观中，培养学生对社会规则的自发遵从，从而帮助学生完成初步社会化。但是，班规的价值定位是基于管理还是基于教育呢？如果基于管理的目的制定班规，那么，整齐划一、标准执行、效率第一就是其主要运作标准；如果基于教育的目的制定班规，那么，在基于规范性文化的基础上要更突出价值性文化的引领作用。如何理解二者之间的关系？如何既能高效管理班级，又能激发学生的主体性、能动性和发展性呢？这常常是班主任的困惑。

班规内容的结构性困惑。纵观中小学林林总总的班规，其内容五花八门。有的班规内容着重对学生言行的规范，从学生的学习和生活方面全方位地提出要求，事无巨细；有的班规内容着重对学生德行的引领，条目不多，给予学生很多的行为空间，把班规看作培养学生理性思维、批判质疑精神、勤于反思习惯、自我管理意识、社会责任、健全人格等的载体。有的班规内容一成不变，有的班规内容在保持基本框架不变的基础上灵活调整。那么，班规内容应该规定些什么呢？哪些应该规定？哪些又不应该规定呢？班规内容又如何与班级核心价值观结合起来呢？如何借助班规促进学生成长呢？这些都是班主任的困惑。

班规评价的价值抉择困惑。有了班规，就一定会有相应的评价。否则，班规就会成为一纸空文、墙上摆设。规则作为外部行为要求，学生并不会主动把规则建构到自己的认知和行为体系中，因此，告知规则、训练行为、设立奖惩机制、发挥集体效应、调动学生自我反思等自然就会成为教师常用的手段。但在教育过程中，教师是以“规则”为中心，关注学生是否遵守了规则，还是以“成长”为中心，关注对学生关于“我应成为什么样的人”的指导和引领，进而关注学生是否理解规则背后的伦理道德，引导学生感受道德是人的一种不可或缺的精神食粮？这也是班主任的矛盾之处。

班规作为制度文化，虽然是班级文化建设的一个要素，但这个要素却可以“牵一发而动全身”，班主任可以建立通过班级制度全面落实班级建设的思路。反过来讲，如果班主任不注重班级制度建设，那么，再理想的教育理念也可能毁于不好的管理手段。比如，有的班主任虽然是教学能手，但由于对待学生不公正、班级管理缺乏艺术性，也容易激起学生和家长的不满，进而导致班集体涣散。

有学者把社会组织划分为三类：强制性组织、功利性组织和规范性组织。班级是学校教育的基本组织单位，班集体理应是规范性组织。但在现实生活中，由于班主任对班规等一系列班级制度的属性认识不足，往往会导致规范性组织演变成强制性组织或功利性组织。例如，在过度崇尚教师权威、教师强权“控制”的班级中，教师依靠权力来控制学生，使班级成为强制性组织；教师过于依靠名利奖励来激励学生，容易使班级成为功利性组织。不管是强制性组织还是功利性组织，都会在班级生活中营造不利于学生成长的环境，使学生在班级日常生活中不能享受青少年应有的童真体验。

因此，用好班规，才能带好班。而用好班规的前提是理解班规。本书是笔者在长期对班级日常生活观察以及在对班主任培训过程中逐渐形成的研究成果，旨在尝试对班主任的一些管理困惑进行学理上的回答。

当然，本书不是纯粹的理论书籍，目的并不是针对班规进行一套理论建构；本书也不是纯粹的实践书籍，目的也不是提供一个个案例了事。本书的目的是架起理论与实践的桥梁，既能给班主任提供一些便于实践的操作流程，又能结合理论分析帮助班主任解惑。通过一些理论分析，让班主任在明理的基础上结合自己的班级实际进行创新性探索，建构符合本班实际的班级制度体系以及班级文化体系。

期待通过这个话题的讨论，开阔班主任的视野、更新班主任的理念，推动班级管理的创新。

李秀萍
2022年4月于北京

目 录

第一章 班规不是简单的条条框框

第二章 制定班规的四个环节

第三章 班规的内容指向

第四章 班规落地的路径

第一章

班规不是简单的条条框框

人们时常把纪律理解为纯粹表面的秩序或表面的手段。这是一种只有在教育机关中才会犯的最有害的错误。[①]

——马卡连柯

① 马卡连柯. 马卡连柯教育文集：上卷［M］. 吴式颖，等，编. 北京：人民教育出版社，1985：277.

关于规矩、准绳、尺度有很多名言，如："凡事都有规矩""心如规矩，志如尺衡，平静如水，正直如绳""不以规矩，不能成方圆""国有国法，家有家规"，这些都说明了规则在人们生活中的必要性。那么，在班级生活中，班规的存在也是必要的。

班规是班级基本制度之一，关涉学生在班级里的日常学习和生活，其不仅规范学生的日常行为，培养学生的规则意识，也会影响学生道德水平的提升，还能带动学生自主管理能力的发展。

一、班规有丰富的文化内涵

班规即班级的规章制度。《辞海》界定规章制度：国家机关、社会团体、企业事业单位等制定公布的有关行政管理、生产操作、学习与生活等方面的各种规则、章程和制度的统称。规也可理解为规则。"规"在《说文解字》中被释义为"有法度也"，强调的是一种有所依据的规范、准则；"则"在《说文解字》中被释义为"等画物也"，意即均等划分事物，后引申为标准、法则，被广泛用来指各种事物的规律或法则。由此可看出，"规""则"二字表达的就是"准则""规定"之意，强调的是对人的外部行为的规定和约束。

班级作为学校教育活动的基本单位，作为学校最基本且稳定的基本组织，有其不同于社会组织的属性。因此，班级的规章制度除了有规约学生行为的功能外，也必然有其独特的功能属性。

我们看一些专家学者对班规的定义。

1. 班规是本班学生通过一定的民主程序共同约定的行为规范。①

2. 班规是班级制度文化的一种体现，所谓班规（也可以说是制度），是指班主任引导、学生参与，根据相关守则、规范和本班奋斗目标而制定的，要求全体成员共同遵守的办事规程或行动准则。②

① 陈桂生．话说"班规"［J］．江苏教育研究，2011（4）：10-12.

② 李西顺．论现代性班规的构建［J］．教学与管理，2011（4）：24-27.

3. 班规是对班级成员有普遍指导和约束作用的行为规范，一般由班主任和学生共同制定，并作为班级管理的手段被普遍采用。①

4. 班规是由学生或班主任制定或认可的，体现班集体共同意志和利益的行为规则。②

5. 班规是班级成员在学习与日常生活过程中逐步形成的，并为班级成员所认同的价值观及行为方式。③

6. 班规也可以称为班级公约，作为德育手段，发挥管理的功能，侧重的是“约”；作为教育目的，培养学生参与公共生活的品质，侧重的是“公”。④

第一个定义突出班规的学生主体以及民主的属性；第二个定义突出班规的文化属性，即我们不能把班规做“隔离”式的理解，一定要把班规与班级精神、班级奋斗目标结合起来进行理解；第三个定义突出班规的公共属性，即班规是对班级全体学生具有普遍指导价值的规定，针对个别学生的要求不需要列为班规内容；第四个定义强调班规维护每位学生共同利益的属性，即需要教师把握行为规约与权益保护之间的辩证关系；第五个定义强调班规形成的过程性，即不把班规看作是结果及外在于学生存在的规范，而看作是学生在学习交往过程中自然而然形成的共同价值认识和行为选择，强调班规不仅指向外显的行为，而且指向内在的价值认识；第六个定义强调班规作为教育手段与教育目的的双重属性，强调班规对学生公共生活能力和品质的塑造功能。

通过分析诸多专家学者对班规概念的界定，我们可以看出大家对班规形成的基本共识：班规是全体学生在教师指导下民主制定的、体现班级精神风貌的行为规范。班规作为教育载体，其内涵是丰富的、存在是立体的。教师在实施班规时，不能仅把班规放在“规则”的归属类别来理解，而要把班规放在“班级”中，发现其特有的种差属性。

二、班规的分类

在每个班级中，班规的存在样态是不同的，这依赖于班主任的带班风格、班情、

① 赵希娟. 班规局限性及应对策略［J］. 班主任，2007（6）：22-23.

② 黄志勇. 法治视野下班规的建立、运作和执行［J］. 教育导刊，2010（3）：95-96.

③ 王淼. 班级规范现状的理性探析：以上海市S中学为例［D］. 上海：上海师范大学，2013：11.

④ 王迪，高德胜. 班规的现实与理想［J］. 北京教育（普教版），2018（10）：11-15.

班级文化建设情况等。下面的班规分类，旨在从不同角度让教师认识班规的样态，以便开阔教师视野。在实践中，教师可以综合、灵活、创造性地运用这些形式。

（一）按照具体程度划分

粗放类班规。这类班规具有包容性，对学生行为提出方向性要求，如：尊重他人、有礼貌、乐于助人、保持公共场所整洁。

具体类班规。这类班规对学生行为提出特别明确的要求，如：不打人、不骂人、不给他人起外号、认真完成作业。

（二）按照形式划分

口号类班规。这类班规强调对学生进行方向性引领，通常以带有鼓舞士气作用的口号作为班规。如："不以成绩论英雄""尊重他人劳动成果""成为最好的自己""让优秀成为一种习惯""让每位教师上课成为一种享受""你的名字只有一个——××班""抓住今天，成就明天""己所不欲，勿施于人"。

公约类班规。这类班规强调学生的主体性，让学生自己制定，从学生问题入手制定具有针对性的班级约定。公约类班规条目数量比较少，要求简约明了。如：音乐课——唱歌学谱心情好；科学课——小组讨论不跑题；听广播——认真倾听消息灵；课间操——动作到位添荣誉；言行举止——把握分寸换位思考。又如：上学校，不迟到，见师长，问声好；上课前，准备好，用心听，勤思考；同学间，要友爱，与人交，要真诚。

名言警句类班规。这类班规借助名言警句表达学生所要追求的班级规则。如：见人善，即思齐，纵去远，以渐跻。见人恶，即内省，有则改，无加警（《弟子规》）；要争取朋友，你要记住，永远要愉快地多给别人，少从别人那里拿取（高尔基）；每有患急，先人后己（陈寿《三国志·蜀志》）。

条目式班规。这类班规以罗列要求的形式规定学生一日学习生活中应该遵守的规则。如：课前学习准备充分；课上不随便说话、"接下茬"，不随便离开座位；课间不乱跑；放学后不在校内逗留。

（三）按照表述语气划分

正向表述类班规。这类班规倡导对学生行为的正面引导，用正面词语描述班级希望看到的学生行为。如：我的双手是温柔的；我的话语是温暖的；我的眼里是有他人的。

禁止表述类班规。这类班规用“禁止”“避免”“不要”等反面词语列举禁止学生做的事情。如：禁止破坏公物；禁止说脏话；禁止欺负同学。禁止表述一般用于底线要求类的班规。

通俗表述类班规。这类班规倾向于用通俗易懂的语言来表述对学生的行为要求。如：上课不可以随意说话；不要炫耀自己；靠右边行走；己所不欲，勿施于人。

活泼表述类班规。这类班规从积极心理的角度，期待借助活泼的语言表达方式让原本严肃的班规变得有人情味。如：专心听讲、踊跃发言的你最可爱；向老师和同学问好的你最温暖。

他诉表述类班规。这类班规站在他者的角度表达遵守班规给他人或集体带来的积极感受。如：“谢谢”让人愉悦，“帮助”给人惊喜；小花在成长，勿打扰。

自诉表述类班规。这类班规意在激发学生的主体情感，站在“我”的角度表述班规以便增强学生的集体荣誉感。如：友爱我的同伴；尊重我的老师；做好我的事情。

（四）按照存在样态划分

综合班规。这类班规对学生生活进行全面规定，基本涵盖了学生在校生活的方方面面。

专项班规。这类班规对班级某方面进行专门的规则制定。如：卫生规定、课堂规定、礼仪规定、集会规定、交友规定。

（五）按照呈现样态划分

显性班规。这类班规以明确的形式对学生行为进行规定，一般都会有班规制定的程序，并以文本形式张贴在教室里以发挥引导、警示、约束作用。

隐性班规。这类班规没有明确地呈现在文本上，但班主任通过班名、班训、班级口号、班级价值建设、班级活动引领等方式，以潜移默化的形式对学生进行规则引领。如：有的班主任就认为“我们班没有班规”，但没有张贴在教室里的、学生明确讨论制定的班规，并不意味着这个班级就没有规矩。

（六）按照指向划分

常规班规。这类班规以常态化形式对学生行为进行规定，如：学生日常行为规范。

临时班规。这类班规是针对特定时间或空间制定的规则，如：外出参观规则、艺术节规则、运动会规则。一旦临时场景结束，那么规则就自然解除。

三、班规的属性

班规看似简单，只是制定了一些规矩，但教师在运用和实施班规的时候就没那么简单了。如：人们经常说的“有些班规合理但不合情”，要求学生把双手放在背后听讲，此规则因能避免学生做小动作而合理，但又因违背学生好动的天性而不合情；“动之以情、晓之以理、严之以法”提示教师在教育学生时，要处理好情、理、法之间的关系，即在处理学生问题时，教师首先想到的不应是法，而应是情与理。教师在运用法的时候，也要兼顾情与理，以打动学生、教育学生为根本。

“外在管理”与“内在管理”、“刚性管理”与“柔性管理”、“他律”与“自律”提示班主任要处理好外部教育与自我教育之间的关系、用班规约束学生与学生自我约束之间的关系，提示班主任要理解管的目的是为了最终的不管。“引而不发，跃如也”也提示班规正如拉满了弓却不轻易把箭射出去一样，要看准适合的时机、找准最佳的教育契机去运用和强化。

因为中小学生大多是未成年人，班级首先是教育空间，所以班规的属性也是多元的。教师只有理解班规属性的多元性，在运用和实施班规过程中，根据教育情境，动态、灵活地运用班规，才能真正发挥出班规的教育价值。

（一）公共性

班规内容围绕公共生活，是对学生在班级公共领域中应该遵守规则的制定。因此，涉及个人生活的内容一般不建议放入班规中。如：个人生活习惯、学习习惯个体属性更强，个人讲卫生、衣着整齐、腰坐直等都属于良好的个人习惯，班主任应该重视对这些个人习惯的培养，但不应把此作为班规的重点。然而，在班级这个小空间里，个人生活习惯、学习习惯与集体共同利益又不能完全割裂开来，因为个人不良的生活习惯或学习习惯会影响他人，所以在这个时候，个体属性又被附加了公共属性。

因此，班主任可以依据班情、学情处理二者之间的关系。正因为班规的公共属性，所制定的班规内容涉及每一位学生的生活，所以班主任在制定班规、执行班规过程中也要避免因迁就个别学生而做出有失公允的决策。

（二）规范性

涂尔干认为，“规范”在社会各个领域的体现和体系化就是“制度”。[1]人们之所以要制定各种制度，就是要维护群体生活的秩序，规范人们在一定时空中的生活方式。因此，制度具有一定的权威性和强制性，它背后的假设是通过建立制度满足社会运作以及社会发展的需要，促进社会协调有序地发展。

反映在班级生活中也是如此。班主任建班之初的首要任务就是建立班级规章制度，引导学生学会思考在什么时间或场合能做什么事情、不能做什么事情，与同学、老师、家长交往过程中应遵守怎样的规则，等等。

班主任正是借助这些制度，规约了学生的行为，使学生从自然人发展成为社会人。一个班级如果没有班规，就会演变成为一个“乱班”。同时，由于制度本身带有的权威性和强制性，班主任往往会以班规作为奖惩学生的标准，而学生也会因此而敬畏班规。

但班主任在发挥班规规范属性的时候，要注意“度”的把握。第一，不要把“规范性”发展成“强制性”。班规的基本功能是建立和维护班级的正常秩序，如果按照制度的强制性来理解班规，学生就是被约束和被规范的对象，班规就扮演了评判者的角色。如：班级制度中很多加分减分的班规就深刻体现着班规的强制性。第二，不要把“规范性”演变成“功利性”。任何制度都具有它自身的功利性，即维护既定的秩序、提高集体活动效率、获得外部好的评价。如：在实践中，教师要求学生遵循班规的功利性目标是获得流动红旗、不被学校扣分、不被学校批评等。教师要把这种外在功利结果作为学生内在成长的自然而然的结果，而不要本末倒置，为了外在结果而忽视学生的内在成长。

（三）道德性

制度虽然自身带有一定的严肃性和规范性，但制度不像法律那样神圣不可触犯。

① 于忠海. 制度化教育与学校德育机制研究：新旧制度主义分析的视角［J］. 现代大学教育，2010（3）：89-92.

因此，要让学生自觉遵守制度，光靠制度自带“光环”是不可能达到的。把制度与学生的行为联系起来，还需要中间一系列机制发挥作用。尤其对于中小学生来讲，情感和道德的润泽更能充实他们的精神世界，激发他们创造美好世界的动力，因此，让学生认同制度、把遵守制度内化于心还需要发挥制度背后的道德属性的作用。

人具有自足的价值属性。人类社会发展的最终目的是促进人的发展，提高人的幸福指数。人建立制度的目的也是引领人们过一种幸福、道德的生活。苏霍姆林斯基曾指出：“对于任何一条规定，都应当让受教育者看不出是对他们的禁止，而应当把它们理解为行动的号召，是在鼓励和帮助他们在善良的土地上站稳脚跟。”因此，制度本身具有道德属性。

体现在班级制度中，教师引领学生建立班规，其目的不仅仅是规约学生的行为，而且是引领学生的心灵成长，提高学生的道德修养，进而使学生由内而外、发自内心地去遵守规章制度。学生只有在经历、体验规则的过程中，把遵守规则变成个人信念，才能使制度、规范变为自己的精神财富。

班规的道德属性体现在诸多方面：第一，班规的内容体现了道德性。班规内容不能违背学生成长规律，不能侵犯学生权利，不能对学生有歧视。例如：成绩差的学生坐最后一排、最后一个用餐，违反班规要罚款等本身就违背了班规的道德属性。第二，班规实施过程体现了道德性。当学生违背班规时，教师应如何应对？不同的方法背后体现了教师不同的价值导向。假如有的教师抓住学生违规的“小辫子”不放，上纲上线，不但发挥不了班规的教育作用，还会对学生的身心发展造成消极影响，这个过程本身就是不道德的。

班规的规约性与道德性是相辅相成的，如果班规的内容和实施体现了道德性，那么，道德性本身就增强了班规实施的合理性，维护了班规的正当性，学生就会愿意遵守这些班规。同时，学生在遵守班规的过程中，也会不断提升自身道德水平。

“任何一条规范，就其本身而言，都只是在某种约定的条件下必须遵守的，但却不值得给予尊重：如果它与做人的要求相背则本来就不值得尊重；如果它与做人的要求相符，那么实际上我们尊重的是人性的光辉而不是规范。可以说，规范的伦理价值永远是相对的，而人性的道德价值才是绝对的。”①

① 赵汀阳. 论可能生活：一种关于幸福和公正的理论［M］. 北京：中国人民大学出版社，2004：7.

这也是为什么在制定班规时，班主任不能简单地在网上下载一份班规，而要在建设班名、班训、班级精神、班级口号、班级吉祥物等班级文化的过程中，引导学生全员参与、民主制定班规的原因。

（四）教育性

制度不仅有约束人的属性，更有发展人的属性。人们不再把制度看作高高在上的规范和评判标准，而要审视制定制度的价值理念是否正确，个人的自由精神追求是否能在制度遵循中被接纳和被尊重。尤其在肩负培养人的责任的学校教育体制中，教育性是制度的首要属性。

班规作为制度之一，其教育性体现在以下方面：第一，过程育人。学生在制定班规的过程中，习得了如何表达观点、如何公共协商、如何观点妥协、如何与他人达成共识等技能；学生在习得规范的过程中，在体验、犯错、质疑、批判中不断提高行为自律能力。第二，结果育人。在班级制定班规后，班规对学生行为提出规范、为学生行为提供保障，让学生在遵守规则中养成基本的行为习惯以及公民素养，形成一系列高尚品质。

为此，教育性是班级制度的重要内涵。如：一位学生放学后在教学楼楼道里玩同学们训练用的篮球和足球，触犯了班规。对于这件事情，一种处理方法是按照班规对这名学生进行通报批评；另一种方法是调查学生这次触犯班规的背景是经常还是第一次，是明知故犯还是无意触犯，是学生的错误还是教师不能满足学生的活动需求，根据这些调查结果，再决定用哪种方式去解决这件事情。另外，教师在处理过程中，也应比较哪种处理结果对学生成长是最有积极影响的；同时，思考如何进一步满足学生的运动要求。因此，教育性是制度实施首要考虑的要素之一。而且，世界各国在对学生采取惩戒措施时，也基本是按照教育、提醒、批评、警告、处分等不同轻重程度来进行的。

（五）发展性

世界上没有完美的制度，任何一项制度都有利弊，并且随着时间的推移，某项制度会因为不适合当下情境而被淘汰或重新建构新的制度。对于班级制度来说更是如此。每个班级的班情、学情是不同的，所需要的班级制度必然是有差异的；同时，每个班主任的带班育人风格是不同的，所制定出来的班级制度的样态也是有差异的。另外，学生是发展的，在不同的发展阶段面临的问题以及需要引导的问题也是有差异的。综上所述，班级制度应是动态发展的。

班级制度总是在功利性、道德性、教育性的张力之间存在，所以难免会出现功利性过强、教育性和道德性较弱的班级制度，这个时候就需要通过各种对话平台来推动班级制度的修正。如：某项班规是“给同学乱取不雅的外号或骂人者，第一次罚写500字说明书，再犯者，每次递加500字”[①]，这样的班规就把规范性和功利性至上。正因为教师急功近利，想制止学生不良行为的出现，所以用这种加重惩罚的方式。但教师没有考虑到的是，如果只是要求从字数上加重惩罚，是触动不了学生的心灵世界、解决不了真正问题的。教师可以采取主题班会、谈话交流等方式，让学生认识到“给同学乱取不雅的外号或骂人”不是“酷”的表现，而是对自身形象及对他人尊严的损害。

因此，教师理解或定位班级制度，先要树立动态思维，不要把制度神圣化甚至把制度的神圣化与教师权威形象等同起来，误以为学生对制度的不满就是对教师的不敬。教师应把制度作为促进学生发展的资源，鼓励学生参与制度的制定与实施，倡导师生对话、生生对话，使制度实施处于教师理性思考的规划下，使制度不仅成为制约学生行为的“缰绳”，还能成为建设有趣、有爱班集体的载体。如：某小学班级的一项班规是“课间不允许在楼道内奔跑打闹”，可是教师发现总是杜绝不了这种现象发生，原因是小学生好动，下课后通过奔跑可以释放身心压力，可学校和班级又出于安全考虑制定这项规定。怎么办呢？于是教师与学生商量修改了班规，“如果当天未出现学生课间在楼道内奔跑打闹的现象，下午教师带学生在操场上玩20分钟游戏”，这项班规深受学生喜欢，不仅杜绝了不安全现象发生，还提高了班级凝聚力。

（六）情感性

人们对制度的第一印象往往是严肃的、冰冷的。那么，作为维护班级运作的班级制度是否一定也是严肃的、冰冷的呢？由于学校教育与社会教育的差异，班级制度应该在保持制度常规属性的同时，也应该有其自身独特的属性，比如情感性。同时，只有师生关系建立在信任和关怀的基础上，班级制度才能成为促使学生积极参与班级管理和建设的推动力。

---

① 贺亮. 从班规看当前班级制度文化的发展与不足［J］. 教学与管理，2006（7）：26-28.

制度可以维持良好的纪律和秩序，但同时，制度可以是班主任管理班级的润滑剂。如果班级制度运用得好，不但可以让学生感受到教师对自己的关爱，还能通过各种好玩、有趣、与时俱进的制度让班级充满活力。

制度的最终目的是影响人的价值观和塑造人的行为，但如果制度得不到学生的认同，让学生感受不到教师对他的关爱，那么，制度所发挥的功效会适得其反。我们来分析一个案例。

案 例

班级种植园里的蔬菜熟了，教师和学生共同完成采摘。但是，这些蔬菜有大有小，虽品种相对丰富但又不能满足全班同学的分配。教师按照学生人数分成了相应的份数。如何把这些蔬菜作为奖品分发给学生呢？解决这件事情，可以有不同的规则。

第一种方法是竞拍模式。学生用自己日常积累的班币来竞拍，哪位学生出价高则哪位学生获得优先选择的权利。用这种方法，可想而知，在竞争氛围中，拥有班币越多的学生越有竞争力，那些日常表现好的学生获得的蔬菜最合自己的心意。那么，越到后面选择的学生，就会越觉得没有面子。本来是一件好玩的事情，最后却对一些学生造成伤害。

第二种方法是自选模式。但谁先选呢？规则是拥有班币最多的学生最先选。那么，这种模式也是竞争模式的延续，表现好的学生有优先挑选权。

第三种方法是按照学号轮流选。这在一定程度上保证了“好学生”与“后进生”之间的公平性，但对于学号排在后面的学生又似乎不公平。并且，学号轮流的方法没有一点神秘性，也缺乏趣味性。

第四种方法是摇号。有教师是这样操作的。每个学生的学号放在一个箱子里，请两个学生抽号，先抽到谁，谁就可以先选择。摇号的方式充满了趣味性，丢掉了竞争性和“排位”属性。与此同时，第一个被抽到号的学生在选择时，教师也做了引导，“你可以选择你喜欢的”，结果第一个学生选择了数量少的那一堆。他说：“如果我选择了最多的那一堆，那么后面的同学就没有机会了，我选择的虽然不是最多、最好的，但有我喜欢的蔬菜。”班主任可以趁机表扬这位学生。可想而知，后面的分配就好玩、热闹又充满谦让了。

同样是一个奖品分配规则，教师不同的处理方式蕴含的教育意义、情感属性、道德属性就发生了很大的变化。好的制度运用，不仅可以给学生正确的价值导向，使学生形成正确的世界观、人生观和价值观，还可以让学生表现出好的行为，同时还能增强师生、生生之间的情感。因此，制度本身是没有情感的，关键在于人是否赋予了制度情感属性，是否看到了制度背后的每一个鲜活的人。

制度能否被学生接受、认可，不仅取决于制度本身是否具有科学性、人文性，还取决于师生之间是否建立了以信任为基础的情感机制。如果制度内容本身是相对合理的，但由于师生之间缺乏基本的信任，教师采用专制、监控的方式来实施制度，就会导致师生之间产生隔阂、矛盾甚至冲突以及师生关系不和谐，进而加重学生对制度的抵抗，学生通过抵抗制度来表达对教师的反抗。

案 例

为了在学校量化考核中取得好成绩，维护作为资深班主任的尊严，班主任每天都情绪高昂、认真负责地充当着保姆、警察、消防员等多种角色，从早上起床到晚上熄灯一直盯着学生。一天下来，班主任很累但也很满足，觉得自己的班级、学生一直都在自己的监控之中，绝不会出任何意外。但想不到竟然有十几名学生联名向学校反映班主任的问题。

信中痛诉班主任的"暴行"——

（1）每天进教室、进宿舍的次数太多，我们有一种被监控的感觉，缺乏安全感；

（2）太啰唆，每天从早到晚都在讲，讲来讲去，生怕我们不明白，把我们当成傻子；

（3）歧视差生，做事不公平，对迟到的学生罚款，用侮辱性语言对待犯错误的学生；

…………

最终归结为一句话："强烈要求调换班主任！"

（摘编自张国东《为学生点赞》，载于《班主任》）

从上述案例可知，对于班规来说，重要的不是规范，而是规范的理由；任何一种"应该"都有可能是"不应该"的；任何规范都只是人类生活中的权宜之计，尽管在事实上规范是必需的，但在价值上却不值得尊重；重要的是人性，而不是规范①。当规则和人相提并论的时候，人的发展和完善永远具有绝对的优先性。因此，学校规则要实现对学生本身的尊重与保护，对学生这一成长中的群体给予最大程度的生存与发展的制度关照，使每个学生都能享有应有的权益，享受最充分的发展。

道德性、教育性、情感性通过对制度合理性、规范性的批判，不断促使制度重新建构和完善，进而构建出符合学生身心特点、符合教育规律、具有约束性的制度。制度的显性和“在场”处处显示着对学生的“教育”。正如苏霍姆林斯基所言，真正的教育是自我教育。教师要认识到制度的道德性、教育性、情感性等人文属性，在运用制度时，要努力激发学生内在的精神力量，让学生进行自我教育、自主教育，从而实现自我认识和自我完善。因为“假如一个人处处感到和知道别人是在教育他，他的自我认识和自我完善的能力就会迟钝起来，他就会产生这样一种想法：我应成为怎样的人，应做些什么事，成年人是会替我考虑的，我只需要等待建议和指示就行了”②。班级制度的实施也是如此。

班级制度是非强制性规范，不能借助强制性力量来实施，更多要依靠学生的内在觉醒、道德自觉以及外部舆论为驱动力来实施；班级制度属于柔性规范，需要依靠正向的价值引领、群体道德的裹挟、教师的榜样引领来实施。

四、用好班规要处理好五对关系

在分析班规概念以及属性之后，我们就能理解为什么要把“班规”这样一个小概念放在“班级”“育人”这个大框架中理解。在这个大框架中，教师需要处理好以下关系，才能更好地运用班规。

（一）班级文化与班规

在实践中，教师特别容易把班规看作独立于班级文化建设之外的存在，把班规看作是推动和保障班级文化建设顺利进行的工具。教师认为，只要建立一套班规，就能保证班级建设顺利开展。在这样的认知下，教师容易把班规看成是万能的，如：学生

---

① 赵汀阳. 论可能生活：一种关于幸福和公正的理论［M］. 北京：中国人民大学出版社，2004：4.

② 苏霍姆林斯基. 给教师的建议［M］. 周蕖，王义高，刘启娴，等，译. 武汉：长江文艺出版社，2014：289.

不做作业，班主任期待能借助班规解决；学生迟到，班主任期待能借助班规解决。

这种认知是错误的，更是有害的。因为教师一旦有这种认知后，就会期待班规解决学生“不听话”的问题，学生越不听话，班规就越严苛，结果导致师生关系越来越紧张，学生越来越不听话，班级建设走进“死胡同”。

教师要重视班规建设，但一定要把班规放在班级文化建设的整体视域下思考。一个班级的发展方向、凝聚力、人际关系、规则体系都取决于班主任是否站在“立德树人”的视角通盘建设。班规本身是班级文化建设的一部分，制定怎样的班规以及怎样制定和实施班规，都传递着教师对学生的成长期待和育人理念。因此，班主任在引导学生制定班规的时候，应该站在“成为什么人”“怎样成为这样的人”的立场上来思考，使班规成为推动班级文化形成的载体。

案 例

某教师发现学生经常不提交作业，为了督促学生按时提交作业，教师改用某软件收作业，通过每日透明化的数据来“晒”学生提交作业的情况，增加“持续一周不交作业扣个人10分，扣小组5分”的班规，给学生公开化的压力，以让学生主动提交作业，可是依旧有学生不提交作业。

在上面案例中，教师希望通过增加“新班规”来改变学生不提交作业的不良行为。但是，学生不提交作业的问题是难以通过规则来解决的。面对学生不交作业的问题，教师应首先调查学生为什么不提交作业、遇到哪些问题、是否有不提交作业的合理性，教师只有走进学生心里，帮助学生解决问题，才是解决问题之道。俗话说，“鸡蛋从外打破是食物，从内打破是生命”，班规等制度文化建设就是要激发学生的生命力，让学生能够自主成长，而不是给学生套上无数的“枷锁”，制约学生的成长。

（二）行为要求与价值引领

班规最直接的作用是向学生明确传达教师对学生良好行为的期待，告诉学生什么该做、什么不该做，是对学生最低行为标准的明确。但规则不应被看作是外在的客观存在物，而应被视作需要学生掌握的规则体系。规则是人类主观认识和体验见之于客观实践的探索，人们制定规则不是为了背诵规则、丰富规则、研究规则，而是为了借助规则丰富和发展人性。因此，教师要求学生制定和遵守规则，也不是为了让学生掌握规则，而是为了让学生知道最基本的尊重他人、尊重集体、尊重社会的行为，培养学生关注人、关注集体、关注国家、关注社会的意识。为此，如果班规等规则本身与做人的要求不符合，那么，这样的规则本身是不值得尊重的，也是不应该被遵守的。如：“稍不合规就被惩罚”的规则，本身失去了育人价值。与此同时，即使学生暂时表现出正确的行为，但如果不加以情操的陶冶、意志的磨炼、道德的引领，学生正确的行为也难以转化为良好的行为习惯以及道德品行，难以从被动服从转化为自觉遵守，难以培养学生的纪律性和社会精神。为此，教师一定要让学生从被动遵守规则走向发自内心地愿意遵守规则，而这种转向需要情感、价值这些“沃土”的滋养。

案　例

我们可以对比两种类型的班规。

第一种类型的班规：

1. 出勤准时，按时到校上课，不迟到，不早退，不旷课。
2. 自觉遵守课堂纪律，不顶撞老师。
3. 按时认真完成老师布置的每项作业，不得抄袭作业。

第二种类型的班规：

友谊，从用心倾听开始；自信，从大声说话开始；文明，从对人微笑开始；感恩，从问候师长开始；勤奋，从课前预习开始；朴素，从爱穿校服开始；节俭，从拒绝零食开始；成功，从有错必改开始。

在以上两种类型的班规中，第一种类型的班规侧重于对学生外在行为的要求，忽视了对学生价值观的引领，容易导致学生只看到外在行为要求，而认识不到规则背后的伦理意义；第二种类型的班规不仅明确了对学生的外在行为要求，也明确了每个行为要求背后的伦理价值，使规则遵守、习惯养成成为美德的来源以及对学生进行道德教育的基础。相比而言，第一种类型的班规仅有外在行为要求，显得生硬、冰冷，容易引起学生的抵触心理；第二种类型的班规让学生明白每个行为要求背后都有美好的人类情感，表现出这样的行为是一种美好情感的体现，进而激发学生特别乐意表现出这些美好的行为，给学生美的感受和体验。

（三）过程与结果

班规是师生制定后就以结果为形式的存在，还是其本身就是一个不断完善的过程？两种不同的理解方式对教师的行为会有截然不同的影响。

如果教师把班规理解成简单的结果，就容易把班规看成至高无上的教育工具，就如教师们常说的“不以规矩，不能成方圆”“规则面前一视同仁”“有错必罚”“不按班规要求惩罚，班规不就白制定了吗”，这些看法都说明班主任把班规仅仅看成一种结果、一个标准，一旦制定就是无上权威，所有学生的行为对错都要以班规为标准来衡量。

教师如果仅重视有了班规，而忽视班规的制定和实施过程，就会导致一些不好的结果。如：教师没有很好地挖掘与学生讨论班规等“小事情”中的“大意义”，不能抓住教育细节来育人。教师更认可班规的外在性和结果性，而没有站在服务人、促进人的角度来思考班规的过程属性，就无法发挥班规的育人价值。

案 例

我们可以对比两个班级管理制度的实施方案。

第一种实施方案：

教师把学生在教室里需要完成的事务列成清单。

按时进教室；认真上课；桌椅摆齐；课间安静；按时完成作业；保持教室整洁……全体学生有角色分工，并相互监督和检查。检查标准如下。

纪律：迟到、早退一次扣2分，旷课一次扣3分；上课讲话、不听讲、搞小动作、借东西一次扣2分；书桌上的书、作业本、文具摆放不整齐一次扣1分。

学习：作业不按时完成一次扣10分；作业多写、少写或作业本落在家里均按没有完成作业处理，一次扣10分；每次考试倒数1～5名、6～10名、11～15名依次扣15分、10分、5分。

卫生：教室清扫不彻底，当天值日生每人扣1分，组长扣2分；值日生不按值日要求完成值日工作，值日生扣1分，组长扣2分。

加分：作业得到“笑脸”“100分”“优”每次加2分，得到“好”每次加1分；课堂上受到老师表扬每次加2分；每次考试班级前1～5名、6～10名、11～15名依次加15分、10分、5分。

第二种实施方案：

教师组织学生用头脑风暴法列出班级良性运作需要完成的事务，以便每位学生都在班里有事可做。同时，设置班级提醒员，以便查漏补缺，提醒忘记事务的学生。

学生也列出了岗位清单。

收作业、发作业、整理书架、班级值日、装饰教室、出板报、盛饭、晨跑领队、给植物浇水……

每位学生各司其职。为了避免学生做同一事务产生厌倦情绪，或者为了让学生有不同的岗位体验，采取每周轮换的办法。当然，教师也征求学生意见，如果学生认为固定岗位更好，那么就可以固定岗位。同时，教师引导学生讨论应急机制，假如有学生生病或忘记了，那么，同桌（小组内成员）要及时代理完成本项工作，以保证大家养成良好的行为习惯和形成秩序意识。面对困难学生（没有做好所负责工作，如不能及时整理书架或者不能认真上课、破坏卫生等），教师要给予针对性帮助。

我们对比两种制度的实施方案，从外部行为上来看，有类似地方，如：都有一日事务清单、全员参与管理或被管理。但两者背后的价值取向完全不同。

首先，实施价值基础不同：第一种方案的实施价值基础是监督、评比、被评价，学生是被控制和规约的对象；第二种方案的实施价值基础是尊重、帮助和奉献，教师在实施过程中始终尊重每一位学生的意见，给予学生选择空间，营造师生、生生之间相互帮助的氛围，引导学生在集体中奉献。其次，目标追求不同：第一种方案追求的是表面的班级有序；第二种方案追求的是每一位学生的各负其责以及行为习惯的内化。最后，形成的氛围不同：第一种方案形成的班级氛围是压抑、竞争、不和谐的；第二种方案形成的班级氛围是每一位学生有班级归属感以及自我价值感。

（四）教师与学生

《中小学班主任工作规定》指出："班主任是中小学日常思想道德教育和学生管理工作的主要实施者，是中小学生健康成长的引领者，班主任要努力成为中小学生的人生导师。"班主任要"全面了解班级内每一位学生，深入分析学生思想、心理、学习、生活状况；关心爱护全体学生，平等对待每一位学生，尊重学生人格；采取多种方式与学生沟通，有针对性地进行思想道德教育，促进学生德智体美全面发展"，要

“认真做好班级的日常管理工作，维护班级良好秩序，培养学生的规则意识、责任意识和集体荣誉感，营造民主和谐、团结互助、健康向上的集体氛围”。

从以上表述中，我们可以看出教师与学生，尤其是班主任与学生之间的角色关系是多元的，班主任要培养学生的行为习惯、要关心学生的心灵成长和道德成长、要促进学生德智体美劳全面发展。因此，在以班规为载体的师生关系中，班主任也不仅仅是一个评判者和制裁者，而首先是教育者，要站在促进每一位学生持续发展、终身发展的角度来灵活利用规则，发挥规则的教育作用。

在班级制度管理中，教师切不可把自己仅仅定位为管理者和评判者，一味地依赖制定标准，用标准评价来规约学生的行为。对于学生来讲，教师更是成长的陪伴者和引领者。教师需要想学生所想，根据学生身心发展规律来调动学生参与班级管理的积极性，并且通过与学生共同制定规则、讨论规则、实施规则等来让学生掌握参与公共生活的基本素养。

案 例

刚接班时，这个四年级班级采取小组评比方式。学生小李三门课程都不及格，纪律差，几乎每节课后都有老师来告状，同学也烦他，他总是把招惹人当作取乐的手段，跟同学打闹，时常骂脏话，经常因为各种问题被扣分，所以分小组时大家都不愿意跟他一组。家长知道后，与班主任理论，认为这是对孩子的歧视，严重伤害了孩子的心灵。

在上述案例中，教师制定的以小组为单位进行评价规则本身就存在不合理的因素。正是因为评价标准有缺陷，所以在“标准”下，某些学生会成为别人眼中的“差生”，进而遭到别人的歧视。正是因为评价规则的不合理性，才“生产”出了“差生”，才产生“优生”与“差生”之别，才会进一步导致不和谐的生生关系、师生关系和家校关系。

（五）控制与自由

“生活充满了矛盾，充满了对立原则的张力：自由与控制。”[①]规则与自由、服

① 范梅南．教学机智：教育智慧的意蕴［M］．李树英，译．北京：教育科学出版社，2001：84.

从与自主从来是对立统一、彼此交融、相互滋养的，自由与规则是统一的，规则保证个体最大程度的自由，它以限制每个人的自由来保障一切人的自由，而人达到真正的自由状态时，也有助于规则的良好运行。学生“需要受到控制的自由以及那种将自由推向前进的控制”①。在学校、班级以及一切其他公共群体生活中，没有绝对的自由，每个人都会受到或多或少的对个人行为的约束，但这种约束也是为了保障每个人获得更大的自由发展空间，每个人内心生发的规则也会让其内心获取更大的自由。班规最终培养的是“道德人”“自由人”而非“规则人”。从某种意义上来说，规则不是一种外在强制，而是帮助人们达到自由的工具，使班规体现出对自由原则的追求，协助学生的自由发展才是班规的应然之举。

教师在实施班规时，也要深刻理解控制与自由的关系，既不能过分强调规则的控制属性，也不能无节制地放任学生。在班规实施过程中，教师要始终引导学生体会只有遵守规则，才能获得更好的发展自由，规则是对每个人自由发展的保护。正如行驶在马路上的汽车，司机只有清晰地看到车道，才能更快捷地行使；假如车道模糊，司机反而不敢行驶过快。在班级中也是如此，如果没有清晰的规则，那么，每个人都会无意中侵犯他人权益或者被他人侵犯权益。在无序的集体中，个人是不能得到好的发展的。

案 例

某班学生不喜欢做广播体操，总是东倒西歪，班主任怎么讲都有几个学生不以为意，因此，班主任制定了一条规矩：如果不好好做操，就录成视频在班级展示。有一次，班主任看到某学生不好好做，就拿出手机对着学生录，结果学生情绪很激动，说班主任侵犯了自己的隐私。

在这个案例中，教师把班规的规约属性发挥得“淋漓尽致”，而没有考虑这样随意增加的班规是否对学生具有教育意义，是否只通过增加这条班规就能改变学生不认真做操的行为；没有考虑班规的道德性，把视频发到班级展示，对学生的人格和尊严会产生不良影响；没有考虑师生之间的情感，师生之间的积极情感是教师对学生开展教育的前提，如果学生对教师没有认可、尊敬和敬畏，教师何谈教育？单纯的录制负

① 范梅南．教学机智：教育智慧的意蕴［M］．李树英，译．北京：教育科学出版社，2001：82.

面视频并公开展示的方式除了加剧师生之间的矛盾之外，没有其他任何积极的效果。真正的制度没有“强迫”和“控制”，而是彼此之间达成的和谐一致的公共约定，是促使每个人人格自由、精神自由的保障。针对学生不喜欢做广播体操的现象，教师首先要找准原因，然后与学生一起寻找做广播体操的乐趣，才能让学生真正喜欢做广播体操。

五、用好班规的重要意义

（一）班规是维护班级正常运转的基础

维护班级纪律对于教师来说是很重要的任务，没有好的纪律，教师就失去了开展教育教学的基础，一个班级也就不能成为真正的班级。因此，每当组建班级的时候，教师首要的任务是与学生一起制定班规，明确学生在教室里学习、做事、交友时应该遵守的基本行为规范，为大家建立基本的行为标准。

（二）班规是培养学生品德的基础

立德树人是教育的根本任务，成人的根本是立德，成才的根本也是立德。因此，提高学生的品德，引领学生树立正确的是非、善恶和美丑观念，建立正确的世界观、人生观和价值观是班集体的重要使命。班级为学生提供了最主要、最基本的组织生活，班规是学生适应集体生活、组织生活需要习得的、最基础的规则系统，班规在丰富的生活场景中告诉学生如何限制自己不合规范的行为，如何行事才能既不损害他人和集体利益又给自己提供自由空间，进而保障每个人的权益。

（三）班规是班级文化的重要组成部分

文化包括物质文化、制度文化和精神文化，制度建设是班级文化建设的重要组成部分，而班规是基本的班级制度，也是对学生影响最深的制度。因此，班主任利用好、建设好班规，可以助力班级文化建设。

第二章

制定班规的四个环节

不要把关于纪律的谈话变成一种道德说教，不仅永远需要使儿童养成遵守纪律的习惯，而且必须教给他们关于纪律的逻辑上的要素。[①]

——马卡连柯

① 马卡连柯．马卡连柯教育文集：上卷［M］．吴式颖，等，编．北京：人民教育出版社，1985：278.

在上一章，我们明确了班规存在的必要性，也从教育复杂性的角度理解了班规的多元属性，进而引导教师站在人本主义视角、学生可持续发展视角来理解和运用班规。

既然制定班规对于每个班级来说是必要的，那么，就涉及班规的产生，即：什么时候制定班规？谁来制定班规？如何制定班规？

关于制定班规的时间，有的班主任认为，班级成立第一天就应该给学生立规矩、制定班规；有的班主任认为，班级运转一个月左右才是制定班规的最佳时机，因为在第一个月的时候，学生之间还比较陌生，行为都比较谨慎，不会出现过多违规、违纪的事情，而到一个月左右，大家彼此熟悉，并且初步显露出一些问题，这个时候再针对问题制定班规会使班规更有针对性，同时，在建班初期，班主任都会带领学生进行班名、班训、班级精神等文化建设，结合这些班级文化建设进行班规的讨论和制定，会使班规更有精神内涵以及后续执行的动力；有的班主任认为，班级建立初期可以由班主任口头提出一些基本要求，之后再带领学生制定详细班规。

综上所述，班规什么时候制定不需要一个统一的标准，班主任可以根据自己的带班经验、学生生源情况、班级文化建设进度来确定制定班规的时间。

本章主要讨论在制定班规的过程中，班主任应该把握的四个环节。

一、制定班规前要造气势

实际上，每个学生都不希望生活在无序的教室里，每个学生都希望在和睦、团结、友好的班级氛围和干净、整洁的教室环境里学习和生活。但如果教师凭空给学生制定一系列制度和规则，就会引起学生的反感，所以，教师可以通过一些方法引导学生认识到班级必须要制定一些规则和制度。

“一切制度的形式应当有一定的意义，并且在集体的心目中有一定的逻辑。”[①]

① 马卡连柯．马卡连柯教育文集：上卷［M］．吴式颖，等，编．北京：人民教育出版社，1985：281.

因此，在制定班级制度（班规）之前，教师与学生的讨论非常重要。通过讨论，教师要让学生认识到班规对提高学习效率和生活质量，形成有凝聚力的班级是非常必要的。

班规指向纪律，班主任应当让学生体会到纪律对于一个集体的重要性。但同时，班主任应借助一些手段让学生认识到纪律不是外在的压制和强迫，而是个人的自觉和集体的荣耀；学生应当把集体有纪律作为一种精神上的幸福，以集体有纪律为荣。而具体的班级规则以及相应的组织制度都是为了形成有纪律的集体而做的准备。

马卡连柯认为，教师必须要教给学生关于纪律的逻辑上的要素，并且要在日常的班级活动中结合具体的事件、活动不断向学生强调这些逻辑要素，在不断练习、重申过程中强化学生对纪律、规矩的认识。马卡连柯所强调的纪律的逻辑上的要素包括以下几点：（1）纪律对集体之所以必要，是为了使集体更好地、更迅速地达到自己的目的；（2）纪律之所以必要，是为了每个人的发展，为了培养每个人善于克服障碍和完成困难工作的本领；（3）在每个集体中，纪律应当高于集体个别成员的利益；（4）纪律使集体和集体的每个成员变得美好；（5）纪律就是自由，它把个人摆在更受保护和更自由的地位，使每个人对自己的权利、道路和可能性有充分的信心；（6）纪律不是在一个人替自己做一些轻松愉快的事情时表现出来的，而是一个人去做更困难的、意外的、相当紧张的事情时表现出来的。①

那么，每一位班主任在引导学生遵守规则的过程中，也要让学生明理，理解规则、纪律、制度在逻辑上的要素，这些要素可以结合自己的班级文化进行重新建构，并贯穿在班级文化建设的始终。班主任可以通过以下方法营造班规必要性的氛围。

方法1：优秀班集体示范

班主任可以把优秀班集体的记录视频作为班集体建设初期的重要资源，通过学生观看与讨论，激发学生想拥有一个遵规守纪、团结一致的班集体的意愿。

案 例

某初一班主任在接班之初，特意召开一次主题班会，将刚刚毕业的班级开展的精彩活动视频播放给学生看，让他们感受到一个优秀班集体给人带来

① 马卡连柯. 马卡连柯教育文集：上卷［M］. 吴式颖，等，编. 北京：人民教育出版社，1985：278.

的温暖与力量。在视频中，有这个班级的班名、班徽、班训、班旗、班服，还有全体学生一起组织和开展活动时展现出的齐心协力。通过这些“要素”激发学生创建自己班级文化的欲望，同时，让学生体会到纪律性强是一个班级的荣耀，也是每个人的荣耀。之后，这个班级才开启班级文化创建之旅。

方法2：利用关于纪律的素材激发学生情感

在建班初期，班主任可以借助班会、课间、自由活动时间，播放一些强调纪律美的电影、纪录片等，以潜移默化的方式让学生认识纪律给人的生活带来的力量。如：国庆阅兵时的各个方阵；《士兵突击》中许三多的形象；《动物世界》中大雁、企鹅等集体生活的素材。

方法3：开展“我期待的班级生活”的讨论

班级是学生的，那么，学生喜欢在一个怎样的集体中生活和学习呢？围绕这个主题开展讨论不仅可以让班主任了解学生的想法，为自己日后进行班集体建设做好认知准备，还可以通过这个讨论让学生认识到系列的规则和制度对于一个班集体的重要性。

学生喜欢怎样的班集体呢？班主任可以组织学生以文字、图画等形式呈现，然后借助班会等时间与学生一起整理。在整理的过程中，教师和学生就可以提炼出班级核心价值观以及明确需要制定哪些制度及规则。以下是一些班级在讨论“我期待的班级生活”时的观点摘编。

小学三年级某班学生 观点摘编

1. 我期待的班级生活是在干净、整洁的教室里学习，也希望可以快乐地学习。

2. 我期待的班级生活是同学们认真做值日，同学们开开心心。

3. 我期待的班级生活是同学们热爱班级、乐于助人。

4. 我期待的班级生活是大家友好相处，不追跑打闹，同学之间互相帮助，桌面干净，做完值日之后，值日生将手套放在暖气片上。

5. 我期待的班级生活是大家按时交作业、讲卫生，每个人都有爱好、有特长。

6. 我希望我们班同学之间不出现不愉快的事，希望我们班的同学爱劳动、爱看书。

初二某班学生观点摘编

1. 班集体充满正义，那么，这个集体才会和谐美好！

2. 集体的信仰是整个集体灵魂的支撑。有了信仰，我们就有了生活的方向，它使我们能够团结在一起，汇成一股无坚不摧的力量！

3. 一个强大的集体应是团结互助、人人奉献、丰富多彩的。

4. 强大的集体应该带动每一个人，激发每一个人对集体的热爱，去欣赏这个集体。每个人施展自己的才华，释放自己的激情就能成就一个强大的集体。

高一某班学生观点摘编

1. 我们应该更加团结。

2. 希望同学们不要自私，为集体做贡献时活跃一些，不要计较个人得失。

3. 同学之间不要为小事争吵。

4. 早读要自觉学习，班长按时收作业。

5. 自习课不要说话，自己学习。

6. 做操要认真做，姿势端正。

7. 做值日要打扫干净，不要应付。

8. 课下不要追跑打闹。

9. 互相信任，帮助他人，不推卸责任。

10. 各自干好自己部门的工作。

班规只有通过学生的主观认识才能发挥作用，只有学生认同并有遵守规则的意愿和意志时，规则才能从外部规范转化为学生内在品质。因此，了解学生的需求是制定班规的前提。

学生想拥有怎样的生活就必须克服相关问题并朝着这个方向努力，我们从学生的反馈中，可以明显感受到每个学生对有秩序、有纪律班级生活的向往，那么，教师就可以在此基础上引导学生制定相应的班规，这个时候，班规就是一种“力量”！

方法4：就制定班规的必要性展开讨论

任何群体在做任何事情的时候，都需要一定的规则。但一旦规则与人追求自由、追求个性、追求自我利益的需求发生冲突的时候，人就会在守规则与不守规则、规则与自由之间来回摇摆，甚至对规则、制度产生消极的认知。因此，教师与学生适当讨论规则的必要性、规则与自由之间的关系、守规则与尊重人性之间的关系是非常有必要的。

案　例

我的班级班规制定过程如下。

上午最后一节是班会课。昨天我就给学生们说过，这堂班会课的内容是制定班规，于是有的学生以为今天要制定出班规。我开始向学生提问。

…………

第二个问题：你们是不是真的觉得应该制定班规？这个问题不要急于回答，一定要想一想再回答，不要揣摩李老师的意愿，为了让李老师高兴而说违心的话。

同学们真的还想了想，然后纷纷说：“应该制定！”

我说：“究竟有多少人同意呢？这样吧，凡是觉得有制定班规必要性的同学，请把手举起来！”

一只只手臂举了起来，我一看，显然是绝大多数。

我又说：“有没有不同意的，也请把手举起来！反对的同学不要有什么顾虑，我最想看到同学们能够勇敢真实地表达自己的意愿！”

张同学和魏同学把手举起来了。

“好！不同意就不违心地同意。我非常赞赏你们的独立精神！”我表扬了张同学和魏同学，“你们能说说为什么不同意制定班规吗？”

张同学说：“制定班规让我们受到束缚，不自由，这会影响我们班的和谐气氛。”

魏同学说：“我觉得没有必要制定班规，同学们犯了错误，老师教育就可以了。而且班规是对大家的不信任。我以前看到过一个故事，说一个校长坚持在学校不安装铁门而安装玻璃门，因为他相信学生不会把门撞破，结果几年后玻璃门一点都没有破。所以我觉得应该相信同学们！”

我又问：“同意制定班规的同学，你们怎么看待张同学和魏同学的意见呢？”

这时，许多同学纷纷发言。

我又对张同学和魏同学说：“制定班规就是不信任同学们吗？我认为不是。尊重、信任同学们与严格要求同学们是不矛盾的。这里的严格要求就包括合理的规章制度。教育还包括行为的养成，而这‘养成’就包含了行为的训练，该做什么、不该做什么，都要有规矩。其实，好的制度应该是让遵守制度的人感觉不到制度的存在，而同时，不守规矩的人又处处感到制度的约束。无论我们多么信任人，要知道，理论上来说，人人都会犯错误，那么，根据这一点，我们制定出规章制度就是为了防止大家犯错误或促使大家少犯错误。中国14亿多人，犯罪分子只占极少数，但为了这极少数人，我们不得不制定出面向全体中国人的法律。这能说是对所有中国人的不信任吗？因此，我认为，制度是必需的，班规也是必需的。”

说了这些，我问张同学：“听了刚才同学们的发言和李老师的话，你对制定班规想通了吗？你的想法有没有改变？”

张同学说：“快了！”

同学们善意地笑了。

我又问魏同学：“你呢？同学们和李老师把你说服没有？”

魏同学说：“没有，我还是不同意制定班规。”

“不要紧，没有被说服就保留你的看法。但是，”我转身问大家，“这个班规还制不制定呢？”

同学们都说：“要制定，要制定！”

我说："我们只能少数服从多数，制定！"但我同时补充了一句："我们也尊重魏同学的意见。"我特别大声强调："就制度而言，民主有两个原则——行动上，少数服从多数；精神上，多数尊重少数。"我又说："其实民主制度也不是万能的，民主也有不足，最大的不足之一便是效率不如专制高。皇帝一个人说了算，一分钟就可以做出一项关系国家命运的决定，这效率多高，民主就办不到。另外，民主也会犯错误，比如希特勒就是民主选上去的。但是，民主同样可以纠正错误。当然，一个班不是一个国家，但有些精神是相同的。"

（摘编自李镇西《班规制定全过程》）

正如哈耶克所言："人不仅是一种追求目的的动物，而且在很大程度上也是一种遵循规则的动物。"[①]规则教育形成了教育活动的秩序，为教育自由提供了稳定的制度环境，确保教育自由沿着正确的航道稳步前行。反之，倘若缺失规则的指引和规约，不同的教育主体在追逐自身自由的过程中不可避免地会损害他人的自由，极易陷入人人向往自由、但人人均迷失自由方向的沼泽，教育自由难以体现。

二、制定班规前要明方向

班规是班级的公共约定，"公约不只是约束个人的行为，即便是约束个人的行为，也不是为了'管住个人'，而是为了形成班级的公共性"[②]，进而实现班级公共目标，形成大家心目中的班集体。因此，与学生讨论班级建设的目标是制定班规之前要与学生明确的方面，班级建设的目标明确了，集体生活的方向也就明确了。

当明确集体生活方向后，学生是为了实现公共生活、满足公共生活需要而遵循班规，这样的班规遵循不是被迫的，班规不是简单对个人生活的要求和规定，而是个人主动的遵循，并因遵规而获得满足感和幸福感。这也是日本教育社会学者片冈德雄为什么提出班规应侧重于指明大致方向，为学生保留一定的能够自觉进行行为选择的余

① 哈耶克. 法律、立法与自由：第1卷［M］. 邓正来，张守东，李静冰，译. 北京：中国大百科全书出版社，2000：7.

② 冯建军. 公民教育视野中的班级公共生活及其建构［J］. 教育科学研究，2017（7）：5-12.

地的原因吧。[①]

案 例

> 我与学生制定了“代理班主任”制度，设计了详细的“一日常规评比表”，基准分100分，有详细的加分和扣分项目。全班每个学生按照学号轮流当代理班主任，一人一天，记录当天的班级违规项目，并负责“一日常规评比表”的填写。第二天早上利用五分钟“晨检”时间，汇报前一天的情况。
>
> 可是，操作后我却发现学生态度不够端正，有徇私舞弊，互相包庇，甚至拉帮结派的现象。我预想的“代理班主任”制度的效果未能够实现。
>
> 为此，我也进行了自我反思。我一直给学生自主空间，事事与他们商量，但效果却适得其反。如：学生选举出的体育委员和学习委员因一而再再而三地犯错被我撤职后，在新一轮的班级公选中依然票数很高。为了班级的意愿，为了显示我的信任，我只得再让他们上任。可接下来的武术操比赛中，身为领操的体育委员竟然错误百出，学习委员总是不按时上交作业且不能完成各科作业情况的记录，让我很失望。这让我质疑：我原先学习的以学生为本、民主管理等理念是否是正确的？

在上述案例中，相信该班主任遇到的困惑和挫折也会在很多新班主任身上出现。出现这些困惑和挫折的根本原因在于班主任本身对民主的理解有欠缺，学生没有民主参与的能力以及在实施民主治班的过程中班主任没有做好一定的准备工作。因此，在引导学生民主参与制定班规之前，班主任需要做一系列工作。

当学生有了制定班规的欲望，对班规必要性形成统一认知后，班主任就要引导学生制定班规。但如何制定班规、在制定班规过程中应该注意什么问题，也是需要班主任与学生先形成共识的，即班主任与学生都要做到“心中有数”。

在制定班规前，班主任与学生要做好以下准备。

（一）贯穿班级精神

在上一章，我们提到班规的多元属性，即教师和学生都要认识到规则不是万能的、不要期望规则能够解决所有的问题。班规是班级由散乱的群体发展到班级共同体

① 谢维和. 班级：社会组织还是初级群体［J］. 教育研究，1998（11）：19-24.

的过程中，学生之间形成的一种行为公约，而这种公约要发挥效应，最终要靠每一位学生的认知觉醒以及内心的遵从。班规不是一方对另一方的要求甚至是压制，而是彼此尊重和有责任意识的体现。因此，师生应该从“成为什么样的人”、班级精神、班级文化的视角来考虑班规的制定。

如：江苏省南京市第三中学陈宇老师在带某班级时，其班级核心价值观为“知行合一”，班名为“知行班”，为了让“知行合一”的理念深植于学生内心，在围绕班级核心价值观进行班徽设计、班训确定、班级板报制作等一系列文化活动的基础上，引导学生在制定班规时也要体现“知行合一”的理念，进而为学生提供明确的班规指向。

（二）学生的观察和感受

为什么说不建议建班第一天就制定班规呢？因为建班之初学生对班级和同学还不够了解、熟悉，如果在这个时候制定班规会让学生反感。同时，班规指向对学生行为的约束，借助班规可以纠正学生不正确的行为。每个班级是不同的，每个年龄阶段学生“偏差”行为也是不同的。因此，班规内容要体现针对性，一定要基于班级学生的真实情况，给学生一定的交往时间，让学生对本班同学行为进行充分的观察和体验。一定意义上讲，制定班规就是要调动学生在班级生活的感受，因为针对现实感受制定的班规更有现实意义。

如：让学生结合自己的观察和感受把自己心目中的班规写下来，在小组内交流，小组讨论后把每个人关于班规的想法进行整合、选择，把合理的留下来、不合理的淘汰；把小组内商量好的班规在班会上进行讨论，逐条解读，最后通过举手表决得到最终的班规。

（三）教师的观察和感受

让学生参与制定班规，并不是说班主任就可以袖手旁观。班主任一定要站在引领者的角度，对班规最后的样态以及学生可能提出的规则做到“心中有数”。为此，班主任必须要清楚地知道班级的真实情况，了解目前班级管理中存在哪些问题，各个学科教师对学生以及班级管理的看法，学生在成长过程中存在哪些困惑，学生在班级里有哪些真实的感受，制定的班规应该避免哪些不合理的地方等。班主任只有准备充分，才能奠定组织学生制定班规的基础，才能有的放矢地给予学生指导。

（四）方法的指导

方法的指导，即教师要引导学生基于哪些因素、从哪些方面、用什么方法来思考班规，而不是简单地把任务“交给学生”。

在制定班规之前，班主任要引导学生认识到班规的意义和宗旨，让学生认识到班规不仅是对学生的约束，更是对全班学生权益的维护，是为了让每个学生都能在教室里享受愉悦的学习时光；要引导学生认识到班规与班级精神相结合；要引导学生认识到班规语言要正向表述；等等。班主任也可以给学生看一些具有创意的班规，来激发学生制定班规的意愿。班主任要调动每一位学生的参与热情，让学生认识到民主参与是作为集体主人的权利和责任，避免学生产生“事不关己、高高挂起”或“敷衍了事、完成任务”的情绪，避免“个别学生的权利和荣耀”这种观点的存在。

在围绕哪些方面制定班规，班主任也要结合班级情况、自身带班特色给学生一些提示。如：有的班主任指导学生从八个要素（何时、何地、哪些内容、什么要求、谁来执行、谁来监督、如何评价、违反怎么办）考虑制定班规；有的班主任指导学生从学习、纪律、卫生、精神风貌、为人处世等方面，结合自己在班级最真实的感受以及班级精神，来思考制定哪些班规；有的班主任指导学生根据不同场合的要求来制定班规。

同时，班主任也可以采用多样的方法来助推班规的制定。对于高年段班级来说，班主任可以成立学生自我服务、自我管理、自我监督的班级自治组织，借助这些自主管理组织来制定班规。如：班主任可以组织全体学生参与的班级自治大会，也可以组织部分组织能力强、思想觉悟高、服务意识强的学生参与的学生代表大会，还可以组织由小组长组成的班级管理领导小组，等等。班主任也可以通过部分学生起草、全班学生参与讨论的方式或全体学生参与、分工制定、最后讨论的方式等来制定班规。

案　例

我校是五四学制实验校，开学两个月后，六年级的学生渐渐了解和适应了初中的生活，和小学相比，他们感觉到自己需要更加自主自律。这个时候，我该与学生谈谈定规矩的事情了。在班会课上，我请大家一起谈谈对班级的3个期待，谈谈自己期待的集体是什么样的。很快，大家的期待集中在了3个词上：文明、团结、安静。接下来，我请大家回顾两个月以来班级在哪些方面有待改进，因为找出班级的不足和问题才能朝着大家理想班级的方向努力。我让6个小组讨论，找出班级目前存在问题较多的几个方面。汇总后，发现班级存在问题多的6个方面分别是值日、课堂、早读、午间、午饭、作业。每个小组自愿认领一个方面，然后全组同学针对这个方面，结合理想的班级目标，谈谈我们应该怎么做。

如：在做值日方面，我们怎么体现出“文明、团结、安静”，然后请同学们用图文并茂的方式，把自己认可的班规或用简笔画画出来，或图文并茂写出来。这个过程持续了两个星期，同学们经过了激烈的组内思想碰撞，甚至有的同学跑过来问老师意见，说明同学们在认真思考。让我非常意外的是，学生们制定的规则风格一致，各种卡通、简笔画插图，配上简洁明快的文字，6个主题的班规张贴了整个侧墙。如：“值日”组的同学定的班规——“值日如果做不好，大家一起承担。做完值日后，大家轮流检查卫生。做值日时，大家不打闹，不破坏工具；有序分工，不争不抢。组长帮助有困难的同学一起做值日”。同学们说他们喜欢这样的班规，因为这是他们经过民主讨论后制定的规则，他们觉得自己被信任、被尊重、被平等地对待，这对他们而言很重要；这样的班规形式上很活泼生动，语言描述上没有那么多生硬的措辞，如没有“禁止”“不允许”等的措辞，大家更乐于接受；班规里没有任何规定的惩罚或者减分的要求，都是从正面进行启发和引导。

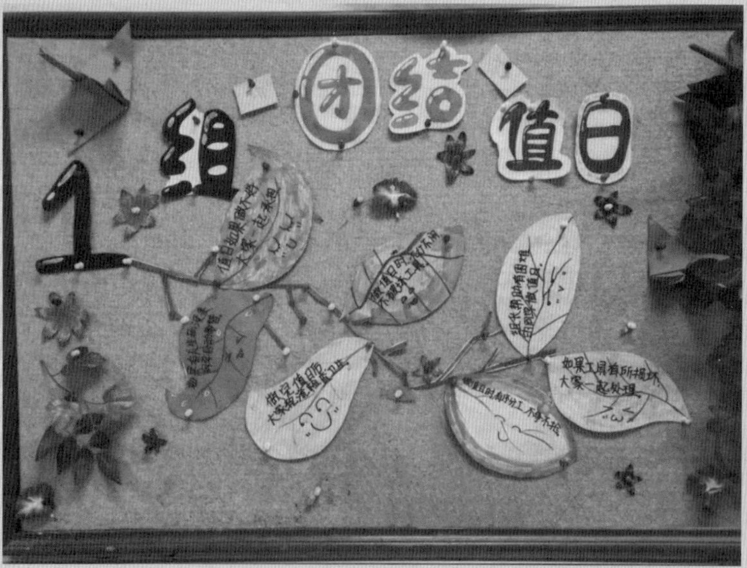

（北京育英学校　郝杰）

三、制定班规中要真参与

当具备制定班规的条件后，班主任就要引导学生一起制定班规。制定班规时，应该遵循以下原则。

（一）民主原则

班规是针对学生的，因此，只有学生参与班规的制定才能为学生理解、认可、执行班规奠定基础；同时，班规的最终目的不是控制学生，而是引领学生，因此，班规的制定过程本身就是很重要的教育过程。为此，在制定班规的过程中，班主任要创设民主氛围，调动所有学生积极参与班规制定。

诚如杜威所言：“民主主义不仅是一种政府的形式，它首先是一种联合生活的方式，是一种共同交流经验的方式。”[①]教育过程本身是最好的教育资源，学生民主参与制定班规，有助于学生的权利意识、民主意识和自我管理能力的发展。在以学生为本的教育理念下，班主任可以把制定班规的过程变成对学生进行民主精神启蒙和民主实践训练的过程。

① 吕达，刘立德，邹海燕. 杜威教育文集：第2卷［M］. 北京：人民教育出版社，2008：86-87.

（二）公正原则

班主任要始终保持一颗公正的心，对待所有学生一视同仁，不因学生成绩、性别、家庭、性格等因素对任何学生有任何的歧视和不公正的对待。在制定班规的过程中，班主任也要站在服务每一位学生成长的视角来审视班规内容，班规内容要顾及所有学生的认知、感受以及执行难易程度。在实施班规的过程中，班主任尤其要做好对不容易遵守班规学生的引导和教育，这样才能给学生一种安全感。

（三）协商原则

按理说，民主内含着协商，意为人人平等、言论自由，保证学生充分参与班级组织生活的机会。但在实践中，特别容易出现形式上的民主，即看似给了学生权利，鼓励每位学生表达看法，但学生由于惧于师威、害怕集体舆论、觉得自己"人微言轻"而不敢表达自己的观点，致使虽然是全体学生举手通过的班规，也并不意味着得到所有学生的认可，也并不意味着符合学生实际。

了解学生真实的想法是非常重要的。尤其是在制定班规时，不同学生对班规的理解差异非常大。如：班主任经常制定的一条班规"提前15分钟到校"，有的学生认为非常有必要，因为大家要做好上课准备，以便提高第一节课的学习效率；有的学生认为没有必要，只要准时到校就可以。后者的观点更多是从个人角度来考虑的。对于这条班规，班主任就要引导学生既要从提高集体学习效率这个效益角度来考虑，也要从尊重教师、尊重同学等道德角度来考虑，让学生对这些规则有充分的认知讨论，在对话协商基础上制定的规则更能得到学生的认可。

学生的成长过程是一个需求不断被满足或被修正或被压抑的过程。班规理应充分满足学生在班级生活中的正常身心需求，而不是对学生施加限制、束缚。班主任作为班级生活的主要建构者和引导者，应主动关注学生在班级生活中的内在需求，积极寻求"最大公约数"，基于学生需求建构班规。①

案　例

为了达到真正全员参与的目的，我班班级公约的产生经历了4个阶段。

第一阶段：小组讨论，形成公约框架。

---

① 张聪. 规训抑或引领：班规视角下儿童规则教育的实践困惑与省察［J］. 教育科学研究，2018（4）：24-35.

班会上，学生们一起讨论班里需要拟定哪些公约。首先，分小组讨论，再由全班商议确定，最后拟定了10个方面的班级公约，分别是课堂公约、健康公约、公共场所文明公约、自习公约、值日公约、环保公约、美丽公约、考试公约、作业公约、志愿服务公约，形成了基本的公约框架。然后，用抽签的方式把10个方面的公约分配给10个小组，每个小组负责一个公约内容的拟订。同时，要求各小组在规定时间将拟订好的公约上交给电教员。

第二阶段：创建论坛，上传公约，培训操作。

这个阶段是网上全员参与的准备阶段。首先，由班里的电教员负责创建班级论坛，并将10个小组上交的公约初稿发至论坛上。然后，对学生进行培训，从如何改群名到如何发帖、如何回帖，开展细致培训。

第三阶段：回帖讨论，小组修改。

要求每个学生对每个公约至少发表一条评论，可以点赞或指出公约的优点，也可以指出不足并提出修改建议。这项工作是在学校机房里完成的，用最短的时间高效地完成了全班的共同讨论。之后，各小组根据同学们的评论对本组拟订的公约进行修改。

第四阶段：修改稿再审，签字通过。

这一阶段在班会上完成，各组将修改后的公约打印出来，在全班传阅，由全体学生进行复审，如仍有异议可用红笔直接进行修改或提出疑问；如认为没有问题，即签字通过。再次提出的疑问由小组负责人在全班提出并由全体学生共同讨论解决方案。

至此，我们班的班级公约经过一个月的孕育，正式诞生。

（摘编自徐欣悦《班级公约诞生记》，载于《班主任》）

案 例

2014年9月，我接手了三年级（12）班。这是一个充满活力的班级，尚处于浪漫期的学生思维活跃，对世界充满好奇与想象。新接班后，经过一系列讨论，学生给班级取了一个名字——猫的国。学生从众多的“猫”身上提炼出猫的特质——优雅、勇气、温暖、担当、梦想、个性。其中，前五个是每个学生必须培养的品质——对于学生的未来，我们无法做精确的规划，但可以有抽象的定向；最后一个既是对大家的祝福，也是对我自己的要求，我希望每个学生都能以自己的方式，成长为自己想要的模样。

围绕五大特质，学生展开讨论：“什么是温暖（优雅、有勇气、有担当、能成就梦想）？”“什么样的行为是温暖（优雅、有勇气、有担当、能成就梦想）的？”最终，老师和学生统一思想并形成了“猫国公约”。其中，关于“温暖”的表述如下。

【关键词：温暖】

1. 别人不小心撞到你，或者你不小心撞到别人，不管有没有错，都要说声“对不起”。

2. 别人掉东西，请弯腰去帮他捡。

3. 自己的事情自己做，别人的事情帮着做。

4. 用小小的贴心，为别人制造惊喜（日常的帮助、节日的问候等）。

5. 用自己的爱心，为班级（学校、家庭）等所在的地方创造价值。

6. 让客人有宾至如归的感觉（如果有人要参观我们的教室，接待者要和他们握手，向他们做自我介绍，并致欢迎辞）。

7. 外出活动时坐车要坐好，不打扰司机。下车的时候要记得跟司机说“再见”，并感谢司机。

8. 外出活动结束后，要谢谢所有随行的老师和父母及其他提供帮助的人们。

9. 多鼓励、赞赏并帮助那些暂时落后的同学。

10. 在你的能力范围内，做一个温暖的人。

每个学期结束，我们都要举办猫国年度庆典活动。这是一个充满仪式感的活动，由班级叙事、生命颁奖、精彩展示三个部分组成。其中，生命颁奖围绕猫国学生成长目标，结合学生每个学期的成长给予奖励，分“优雅奖”“温暖奖”“勇气奖”“梦想奖”“担当奖”五个奖项。我们给每个学生撰写颁奖词，每个学生都能获得成长的肯定和鼓励，都能获得生命的喝彩与颁奖，那是对生命成长的最高褒奖。

（摘编自王晓波《“猫的国”的故事——用文化引领班级朝向卓越》，载于《班主任》）

以上提出的民主、公正、协商既是一种原则，也是一种能力，班主任需要在班级建设中对学生进行这些能力的提升，否则，即使学生在观念上认可，也不能保证学生参与制定的班规的品质。

四、制定班规后要重后续

在实践中，每个班级都有自己的班规，但是否每个班级的班规都发挥了其应有的作用，成为推动学生道德素养、人文素养提升的载体呢？还是一纸空文、仅是摆设呢？在班规确定后，班主任一定要在实践情境中，引导学生运用班规、执行班规，并在运用和执行的过程中，逐步认同班规。

（一）在解读班规中认同班规

虽然在制定班规以前和制定班规过程中，班主任已经就班规的概念、制定班规的要求进行了说明，在此基础上，学生才制定出班规。但班规制定出来后，还应该进一步就每条班规进行解读。解读可以是班主任来解读，也可以是学生来解读，还可以是以学生为主、教师为辅来解读。进一步解读班规的目的是让学生加深对班规的认识，从认知和情感上认同班规，因为熟悉、认同班规是日后学生遵守班规的基础。

（二）在情境分析中认同班规

在制定班规时，班主任会引导学生尽量考虑个体的多样性，但班规一旦制定出来，还是会显得相对“刻板”“僵化”，因为班规不可能穷尽学生丰富多样的生活，否则班规将是“臃肿”的。为此，教师要让学生形成规则意识以及培养学生主动遵守规则的能力，还要让学生在真实、具体的实际生活中遵守规则。

与此同时，情境是鲜活的、立体的。学生只有在真实的生活情境中，才能对相对静态的文本性班规进行充分感悟，进一步理解师生在制定班规时赋予班规的内涵。在问题情境中，不管是教师处理违反班规的学生，还是学生自主处理违反班规的同学，都不仅仅是站在“班规”之上的视角，而是首先去考虑身处“麻烦”之中的学生对问题的认知、所思所想、情绪情感以及态度。教师要利用好班级日常生活，才能使班级日常生活成为提升学生道德素养的载体，才能避免“班规之上”“就班规谈班规”的问题出现。

另外，对班规的认同与内化，不是仅要求学生把班规牢记于心，而是要让学生认同班规背后的价值观，能把班规与班级精神结合起来理解，能把班规的遵守与“成为什么人”紧密联系在一起进行思考，进而让学生形成责任意识。而这些目标在真实情景中才能更好地完成。

所以，为了使学生认同和内化班规，班主任一方面要积极在开展班级活动的过程中渗透班规，另一方面也要善于抓住“问题”契机，把“问题”转化为“资源”，让学生在遇到的各种问题情境中理解和内化班规。

在实践中，教师易犯的错误是孤立地使用班规，而忽视对班规制定过程中各个细节中的教育意义挖掘。如：班规创建时的价值旨趣，即班级为什么要建立班规，除了维护秩序外，是否隐含着大家对真善美的追求；班规创建时的思维向度，即在制定班规时，围绕制定哪些班规、从哪些方面考虑、如何体现班级精神、如何坚持以学生为本思想等方面的思考。

教师只有在具体情境中，引导学生从立体角度来重温班规和实施班规，学生才能在班规与人、班规与班级、班规与精神之间建立起联系，生发出对问题更深的理解能力和更广泛的情境迁移能力，也能在学校、社区以及更广阔的公共社会中更好地遵守规则。

案　例

某班是“免监考班”，但在一次考试时，班里一位女生发现一位男生作弊。这位女生面临着如何解决这件事的问题？这位女生在内心经历了一些抉择：如果告诉老师，班级将面临被摘掉“免监考班”牌子的情况，班级荣誉受损，同学会对她产生偏见；如果班级内部解决，既能指出男生作弊的事情，让男生认识到错误，又能保全班级荣誉；如果向学校坦白，男生受处分，“免监考班”牌子被摘。最终她选择上报学校，虽然班里部分同学可能不支持她，但她自己坚守了诚信，觉得“对得住”自己。

分析这位学生的道德抉择过程，就体现了几种道德思维的运用——是基于班级和个人荣誉，还是基于惩罚作弊行为，抑或是基于诚信及尊严的价值？

针对上面的案例，如果教师就规则谈规则，赞美女生遵守了“诚信”的规则，而依据相关条例处理男生以及班级，不做进一步的引导与讨论，其他学生很难站在道德的角度来理解女生的诚信行为。相反，其他学生反而会觉得女生多事，进而同情因触规而受罚的男生及受牵连的班级，而冷落该女生。

因此，规则看似冰冷，但实际上却能温暖人、塑造人。在丰富的生活情境中，站在道德的角度来理解问题，可以培养学生对问题的理性认知能力，让学生在理解和实施班规时更具有生命活力。

案 例

一条班规的诞生

——再谈养成教育中艺术化的“法治”

在我班的班规中有一条关于喝水的规定：在教室只能用自己的水杯喝纯净水，禁止在教室喝饮料和用各种饮料瓶子喝水。不要小看这条简单的班规，它的诞生还颇费周折。如今，各式各样的瓶装饮料广受学生欢迎。这不仅不利于学生的身体发育，而且造成了极大浪费。更让人恼火的是，饮料瓶子的随意摆放、抛掷等严重影响了教室的整洁。但是直接禁止学生喝饮料显然剥夺了学生的“公民权”。我该如何引导呢？刚开始我能够做的也仅仅是在班上宣讲喝饮料对青少年身体发育的弊端。另外，还发动学生制作了专门的饮料瓶子回收箱，收集瓶子售卖，所得作为班费使用。但是问题并没有得到完全解决。学生喝饮料的势头有增无减，收集瓶子也产生了新的环境污染问题。直到我抓住机会为学生现场算了一笔账后，情况才有所改观。

在教育手记《我们班要买车了》中我记述了这件事。“我们班要买车了”，看到这个题目，请千万不要笑我吹牛。事情的缘起是上个周五，张婆婆又到班上回收孩子们喝的饮料瓶子。我看着孩子们兴高采烈地帮助张婆婆把瓶子往一个大塑料袋里倒。看着看着，我突然来了灵感。我叫道：“嘿，娃儿们，慢点慢点，先数一数这一周我们到底喝了多少瓶饮料。”不数不知道，一数吓一跳。一共是180个瓶子！我们这个试验班仅有28个人，在天气已经明显转凉的9月的最后一周，在班上已经有饮水机的情况下，居然还喝了180瓶饮料。就算平均每瓶水卖3元，那么我们一周就花去了540元。如果一个学期算20周，一学期支出10800元。到现在为止，我们已经读了5个学期，所以我们花费在饮料上的钱是54000元。如果初三结束，我们这样一个微型班在饮料上支出的钱也大概有64800元了。64800元！重庆本地产的长安车才不到30000元，就大家伙儿喝饮料的这点钱，够我们班买两辆长安车了。按照这个数据，我们班上每人初中三年要花费2314元在喝饮料上。2314元是个什么概念呢？是一个低保家庭（按照平均每户500元算）近5个月的总收入，是贫困的农村家庭全年的总收入。如果我们把这64800元用以支持希望工程，或者帮助10.8个学生读完高中（高中三年学杂费约6000元）……而且，据有关科学报告，最有利于人体的是白开水，再可口的饮料，也多多少少含有色素和糖精。同学们，面对这笔账单，你会做何感想呢？这份让人瞠目结舌的账单让新班规的讨论和制定成了顺理成章的事。全班一致通过：为了身体健康和节约财富，我班学生在教室里只能喝纯净水，禁止在教室里喝饮料。

学生之所以服从这项新班规，乃是因为它的人性化：不禁止学生喝饮料，但是时间和地点的限制又大大地降低了学生喝饮料的频率。可是，新的问题又出现了。学生习惯用饮料瓶子喝纯净水。常常是一大瓶一大瓶地接水，喝不完，放学之后顺手就丢在垃圾桶中，造成班级纯净水的极大浪费。怎么办呢？我在班上反复做思想工作，讲浪费的坏处，讲水资源的珍贵。但是问题并没有得到解决。后来，在一次征集班级管理金点子的班会上，王同学提出：全班同学只能够用自己的水杯喝水，不准把饮料瓶子带进教室。因为课桌不大，同学们不可能带很大的水杯到学校，更不可能把自己的水杯也随手丢弃。“老、大、难”问题迎刃而解！

回顾这条班规诞生的过程，其实它展示了在养成教育中的另一个原则：智慧原则。智慧原则在养成教育中表现为两个方面：一是“管理敏锐”，即班主任对学生行为习惯培养上的“空白点”要敏感，要能及时制定和补充相应的班级法规进行引导矫正；二是“管理艺术”，指班主任在制定和实施班级法规的同时，渠道要民主，手法要巧妙，要有情感的唤醒和智慧的交流碰撞。我们要努力避免的是班级法规仅靠班主任的权威得以落实。这样的教育培养出来的学生只会是缺乏独立思考能力的听话的“奴隶”。

实施养成教育，不仅要和教育现状中的不完美做斗争，而且还要和人性中的弱点做斗争。当下的学生还缺乏较为强烈的公益意识，相当部分学生还没有培养起珍爱公共财富的习惯。喝饮料本是小事，教师甚至可以不管。但是，管与不管，粗暴地管还是智慧地管，效果迥异。我之所以举这样一个案例是想表明：成功的养成教育是渗透教育，它直面学生的生活现状，直面人性的弱点，调动起教育者和被教育者群体的智慧，在共同的思考和探索中把每一个细节的教育和教育的细节推向完美。

在我班的班规中，还有一些要点，也体现着我们在养成教育上的一些追求，可能会引发班主任朋友的一些共鸣。比如：1. 人离开，凳子就放到桌子下边；2. 日常垃圾随时入袋，不能摆在桌子上或者放在抽屉里；3. 每天晚上放学离开的时候收拾垃圾袋，垃圾不在教室过夜；4. 任何时候都保持桌面清爽（只摆本节课的书和文具），抽屉整齐，任何时候都经得起检查；5. 靠窗台坐的同学不放杂物在窗台上；6. 保持座位周围1.56平方米的干净；等等。我以为，这些既是教育的起点，其实也是教育的终点。

（摘编自王君《一条班规的诞生——再谈养成教育中艺术化的“法治”》，载于《基础教育研究》）

案 例

细则约束与宏观引领

学校组织的根本目的是把学生教育和培养成为一个身心健康发展的人。任何制度、任何管理都不能违背这一根本的教育目的。班规作为学生自我教育的重要制度，就应该站在学生的立场上，关注学生的内心需求，将规范的统一性、制度性与教育性有效结合起来，从而实现学生的全面发展。任何班规从最初的制定到最后的完善、落实及实现其教育价值，都不是一蹴而就的。我们科技英才班的班规就经历了三次变迁。

一、依共同的愿景定班规

我校每年新高一入学都有为期5天的新生入学教育，学校要求各班都要在此期间完成班规的制定、班训的确立、班干部的任命和班级管理机制的搭建等班级工作。我认为班规是班级建设的主要载体，是学生对班级发展建设的主要愿景，是一定要建立在所有学生都愿意参与班级建设、参与班级管理之后自发形成的一种产物，而不是教师或学生个体凭借自我意愿的硬性规定。所以，在入学教育这段时间，我并没有马上开展班规制定工作，而是结合入学教育内容先后召开了“认识经纶，认识自己”“高一（3）班班级发展规划”“沟通与共识”等系列主题班会，让学生对学校、对高中生活有一定了解，对班级建设有一个共同的愿景后才召开了以“规范与细节”为主题的班会。在班会上，我们在学习《中学生守则》、《中学生日常行为规范》、校规校纪的基础上制定高一（3）班班规。

在制定班规的过程中，我先让学生思考和讨论：为什么要制定班规？由谁来制定班规？班规应该规定什么？

通过讨论，学生意识到《中学生守则》是中学生在家庭和社会中的基本做人准则和行为规范，校规校纪是中学生在学校中的行为规范，而班规则是学生在班级的行为规范及做人准则，是实现班级目标和自我发展的保障。班规不能只局限在对我们行为的约束上，也应该引领我们树立健康向上的行为意识。因而，班规的制定必须遵循民主和平等的原则才能实现班集体和个人的健康发展。

同学们在讨论中还提出，班规应该聚焦在学生的班级活动上，反映学生在班级的成长状态。所以通过交流讨论及民主投票，大家决定班规应该具体聚焦个人与自己、个人与同学、个人与集体三方面的内容，最后确定了“珍爱生命、提高修养、勤于学习、尊重课堂、诚信做事、热爱集体”6项内容。

明确了主要内容后，具体应如何做呢？针对班规的细节内容，我们采取广泛征集意见的策略，让每一名同学结合自己的实际情况，为每一项内容添加两条细则，并通过部门会的集思广益及班委会的交流讨论，最终由班长模拟宪法的格式起草形成了《高一（3）班班规》，其中涵盖6大项及25小项内容。

在此次班规的制定过程中，我只是提了几个问题让学生思考而没有对学生制定的班规内容做过多干涉。我觉得我们最初的班规更多的是反映了学生对班级的期待、对自我发展的愿望，他们希望自己成为一个有修养、有理想、讲诚信、肯付出的青年人，因而才有了我们的第一版班规。任何规则仅有内容是不够的，更重要的是要有遵守规则的愿望和习惯。而规则习惯的养成，仅靠主观愿望是不够的，一定要有更具体的监管体制的有效配合。好的班规内容既要合学情又要明做法，班规的执行要有支持、有奖惩，而这些是在班级建设中逐步完善的一个过程。

第一版班规呈现了我们的愿景，虽然也有具体的细则内容，但是毕竟是在高中生活开始时制定的，有些内容并没有与学生的实际学习生活内容相结合。所以，我们虽然轰轰烈烈地开展了班规制定工作，并作为重要文件要求学生共同学习，但在实际班级工作的开展过程中，班规并没有发挥什么作用，基本上形同虚设。

我一直期待学生能够自己发现问题，并主动提出修改班规。我认为让学生通过班级建设去逐渐自我完善班规，去逐渐提高自我认识，也是学生自我成长的一部分。

二、细则约束与宏观引领的有效融合

高一上学期期中考试后，我们开展了小组合作学习。在班委会讨论小组合作学习如何有效开展时，学生就提出来，小组合作学习的开展一定要有详细的量化评比细则，以避免犯班规制定时出现的问题。我就追问学生：我们的班规有怎样的问题？如果有问题为什么我们还要坚持？我们要不要修改，如何去修改？

通过班委会的讨论，他们指出第一版班规的主要问题有两点：一是有些内容与我们班级实际情况不相符。如：通过近半个学期的学习，我们班基本不存在打架和辱骂同学的现象、不存在小团体行为。二是具体内容表述不够明确，奖惩力度不够。如：不能迟到，那迟到以后有什么惩罚措施并没有明确指出，仅凭学生的自我约束是不够的。

围绕这些问题，我又让学生思考：我们制定班规的目的是什么？是约束还是引领？是指向行为还是指向修养？两者如何共融？通过班委会的讨论和班会的民主评议，学生提出了双规并行的方案，即把我们的现有班规简化，作为班级公约，其主要目的是让学生明确我们的个人发展方向和达成目标的途径。制定细化的小组评比制度，量化细则作为班规的有效补充。小组评比细则与班级工作开展相结合，不但要让学生明确我们要做什么，也应让学生明确应该怎样做，同时让学生能够主动自觉地去做。

于是，我们将班规在主体内容不变的基础上做了简化，最终阐述如下：

1. 珍爱生命：我能做到勤于锻炼，严于守时，做事不拖拉。

2. 提高修养：我能做到严守校纪，行为规范，关注细节，做事有理有序。

3. 勤于学习：我能做到高效学习，及时改错，独立完成各项作业。

4. 尊重课堂：我能做到积极发言，勤于思考，不做与课堂无关的事，不影响课堂气氛。

5. 诚信做事：我能做到待人真诚，做事认真，考试不作弊，不说谎。

6. 热爱集体：我能做到团结同学，主动承担责任，以班级发展为己任。

而班级小组评比量化细则则结合班级建设由我们学习部、生活部、宣传部、体育部、实践部、团委、班委结合自己的工作内容，部门统一制定量化内容，以奖励和评比为主，主要给学生一个操作依据，让他们意识到遵守制度不仅是一种约束，而且是一种小组荣誉意识的体现，久而久之终将成为一种习惯。如，学习方面的细则如下：

项目	细则
作业上交情况	及时上交全齐每组+5分
作业完成质量	独立完成，正确率高，被老师表扬每组+5分，突出表扬每组+10分
课堂表现	上课认真听讲，积极发表自己的观点，得到同学的认可每组+5分
每日一题	每周五全组及时完成+5分，每日主动讲题每组+10分
晨读	每组及时进入状态，每组+5分
好习惯	每天规划好习惯全齐每组+5分，每人周计划做得好每组+5分

我认为一个班级的发展离不开细节的约束，也少不了宏观的引领，一套内容详细、操作具体的管理制度，是学生培养良好行为习惯的最好的老师，他们能够根据制度允许什么、提倡什么来决定自己该采取怎样的行动。而规则意识的最高层次是让遵守规则成为人的内在需求，外在的规则应该成为人的内在素养。班规应该是对学生的正面引领，而不是反面否定。我们的双规运营制度则实现了约束与引领的有效融合。

三、班规的不断内化与发展

从规范向素养的转变，对于学生来说，意味着规则不再仅仅是一种外在强制，而应该成为一种内在需求。当学生真正有了集体意识、有了自我管理能力时，其实就不需要制度的约束，细则已经内化为他们的行为习惯。此时，学生更多的是追求自我价值的实现。所以，到了高二时，小组已经不再使用量化的细则，而是不断丰富班级公约。如：高二时，班级公约中加入“责任担当”，引导学生对自我成长以及集体成长有担当；高三时，班级公约中加入“追求卓越”，鼓励大家追求自己的成长姿态，努力成为自己想成为的人。这样的调整将我们的班规内容转化成学生的内在修养，既有宏观理想，又能脚踏实地；既指明了方向，也阐述了途径。班规真正成为学生的行为指南，内化于心。

（北京陈经纶中学　吴爱兄）

第三章

班规的内容指向

纪律是使我们获得政治上和道德上的幸福的一种方式，应该要求集体有纪律。不能够指望只靠表面的措施、方法或只靠个别的几次谈话，纪律就会自然而然地形成。不能这样，对一个集体，应当直接地、清楚地和确定地提出纪律的任务、纪律的目的。[①]

——马卡连柯

① 马卡连柯. 马卡连柯教育文集：下卷［M］. 吴式颖，等，编. 北京：人民教育出版社，1985：35-36.

班规是每个班级的必要工具。在第二章，我们讨论了班主任在引导学生制定班规时应该把握的四个环节，从纵向上梳理了班规的产生过程。在这一章，我们主要探讨班规的内容和形式问题。班规最终会以规则条例的形式对学生提出一些行为要求，但哪些要求应该纳入班规呢？班规以什么形式出现更能发挥其教育和管理作用呢？班规如何根据学生身心特点以及班主任带班风格呈现出其特色呢？

一、班规内容应遵循的基本原则

班主任在引导学生制定和实施班规时，应该坚持一些基本原则。这些基本原则也应进一步在班规内容中体现出来。

（一）合法性原则

班规内容首先应该合法合理，即班规必须符合国家各项法律法规的规定，同时与校规保持一致，不能出现与国家法律法规相抵触的内容。如："迟到罚款""迟到停课反思"这样的班规内容本身就违反了国家基本法律法规。

（二）科学性原则

班规作为制度育人的载体，与培养学生行为习惯、道德习惯密切相关。因此，班规内容应体现出科学性原则，既要遵循管理制度自身规律，又要遵循学生成长规律，还要遵循教育规律。

（三）教育性原则

教师不能把班规仅看作是维护纪律的一种手段，否则班规就会变成控制人和压制人的工具。在学校中，教师应把所有的东西首先看作是教育载体，赋予它丰富的教育意义，班规也不例外。教师要努力把班规看作是教育资源，在班规内容中体现出积极正向的引导，给学生积极的力量。为此，班规内容应体现出正向的价值引导，表述尽量用正面、肯定词语，借助班规内容在学生心中播下善的种子。

（四）适度性原则

“凡事预则立，不预则废”，班规的制定和实施也需要班主任对学生发展情况、班级前景有一定的预见性，班规是班级朝着预见方向发展的推动力，但班主任同时要考虑班级具体情况，不要对学生提出过高、过全的要求，使学生望而生畏，而要提出准确、适度的要求，带领学生一步步前进。

二、班规内容应体现的价值期许

大部分教师都会在新学期开始一段时间后发布一些班级行为准则和课堂秩序要求，以便学生明确在班级里应该遵循哪些基本的规则。制定具体规则内容的前提是让师生理解规则的必要性，以及通过规则想要传递的价值。

其原因是：第一，在实际工作中，没有哪套已有规则是完全适用于另一个班级的，班主任唯有理解规则的价值属性，才能带领学生制定出适合本班的规则。第二，正如苏霍姆林斯基所言，真正的教育是自我教育。师生要认识制度的道德性、教育性、情感性等人文属性，才能激发学生内在的精神力量，让学生进行自主自觉的活动，从而实现自我认识和自我完善。因为“假如一个人处处感到和知道别人是在教育他，他的自我认识和自我完善的能力就会迟钝起来，他就会产生这样一种想法：我应成为怎样的人，应做些什么事，成年人是会替我考虑的，我只需要等待建议和指示就行了”①。制度生活的实施也是如此，班主任在引导学生制定班规时，应让学生理解班规内容背后的价值期许。

（一）权利与义务

每个人都想拥有自由，但规则既是对每个人行为的约束，也是通过对人行为的约束给自身带来行动的自由。在班级里，每个学生都拥有安静学习、平等生活、友善交往等权利，班级制度就是要保障每位学生共同享有的权利。为保证每位学生都享有权利，大家需要承担相应的责任和义务。为了保障权利的行使和责任的落实，班级群体需要遵循一定的规则。因此，教师可以围绕权利与义务，聚焦以下问题引导学生讨论班规内容：学生在班级里怎样才能学得更好？学生在班级里怎样才能相互尊重？学生

---

① 苏霍姆林斯基. 给教师的建议［M］. 周蕖，王义高，刘启娴，等，译. 武汉：长江文艺出版社，2014：289.

在班级里怎样才能感到安全？

（二）纪律

制定班规的目的是让每个人的行为有据可依，思想和行为统一，形成纪律意识。只有学生以遵守纪律为荣，提升行为自觉性，才能使集体更健康地发展，使集体和集体中的每一个成员变得美好，“纪律就是自由，它把个人摆在更受保护和更自由的地位，使每个人对自己的权利、道路和可能性有充分的信心”①。当然，教师不能把纪律理解为“纯粹表面的秩序或表现的手段”，否则“纪律便永远只是压制的方式，永远会引起学生集体的反抗，并且学生除了反抗和希望摆脱纪律的束缚之外，什么也培养不出来”②，我们应从道德、集体运作的视角来理解纪律，并且把纪律与自觉联系起来，把有纪律作为一种荣耀。

（三）尊重

班规的目的是激发人的道德和行为自觉，因此，班规内容应体现尊重的价值。尊重全体学生，尤其不忽视弱势群体的发展现状以及身心发展需求；班规内容应体现人本性，关怀人的尊严和价值，如：积分少就必须最后一个用餐就是对学生基本权利的剥夺，是对学生的不尊重，会对学生人格造成不良影响。

（四）平等

一个优秀的班集体一定是有情感凝聚力的，那么，学生如何才能有凝聚力呢？那就是大家互相尊重、互相认可，不抛弃不放弃，一起向着集体制定的目标前进。班规内容应该向学生传递出这种积极的情感，让大家认识和感受到每个人在规则面前是平等的，遵守规则的目的是提升班级凝聚力。如：进入教室应控制好说话的声音，这个规则不会因为某位学生是班干部而改变，遵守这条规则是每位学生自身道德修养的体现。

① 马卡连柯. 马卡连柯教育文集：上卷［M］. 吴式颖，等，编. 北京：人民教育出版社，1985：278.

② 马卡连柯. 马卡连柯教育文集：上卷［M］. 吴式颖，等，编. 北京：人民教育出版社，1985：277.

（五）信任

班主任引导学生制定规则的假设是每个学生都有道德自觉性，都有意愿成为好学生，班级形成信任的氛围。同时，规则内容也应传递出对学生的信任，引导学生向积极行为发展。禁止语气的班规暗含着对学生的不信任，一味依赖加减分的方式也投射出对学生的不信任。

（六）支持

制定规则是为了更好地规约学生的行为，以及帮助学生养成良好的行为习惯。当学生出现难以修正的问题时，教师要避免一味地采取惩戒的方法，而要为学生提供支持。教师要让全体学生明确并认识到支持原则的重要性，即规则是提升人、发展人的重要载体，但规则不是目的，每个学生的发展才是目的。因此，制定班规时或教师应对学生出现违反班规的现象时，应把对学生发展的支持作为首要原则。

三、班规内容要素：有序、有情、有家、有德

班规应该包括哪些内容呢？这些内容应该以怎样的语气和形式表达呢？尽管每个班级都有自己的班规，任何一个班级的班规都不可能重复运用在另一个班级里，但我们依然可以通过对林林总总的班规分析后得出其共性。

总体来看，班规内容应该包含以下要素：第一，日常行为规范。借助班规给学生日常行为提供一个基本的规范标准，教给学生为人做事的行为准则。第二，积极的情感。班规内容中不能仅有冰冷的规矩，还应该传递出积极的情感，让学生因守规则、帮助他人而获得愉悦的情感体验。第三，班级归属。班规是班级文化的一部分，班规内容应体现出其与班级核心价值观的一致性，而不是另起炉灶。第四，道德归属。班规应该站在道德高度来引领学生当下的行为。

（一）行为要求——有序

马卡连柯提出，“如果对个人没有要求，那么，无论建立集体还是建立集体纪律，都是不可能的事情。我是主张对个人要有要求的，我拥护对个人提出一贯的、坚定的、明确的、不予修正和毫不放松的那种要求”，“我敢肯定地说，如果没有要

求那就不可能有教育”。[①]班规显然是对学生提出要求的，是学生共同约定的行为规范，其最直接、最显性的任务是规约学生的行为，给学生日常学习和生活制定一定的行为准则。因此，班规内容一定指向对学生行为的要求，启发学生应该拥有什么样的积极行为。这也是班规内容应该包含的首要要素之一。

班规理应包含约束性要求，这与学校教育的规范性及学生个体本质特征是相关的。学校本身是规范和控制的场所，学校要求同一年龄段的人群在不同的班级、按照同样的教学进度进行学习，这是国家赋予学校社会功能的内涵属性，班级作为最基本的实施单元，要在一定的时间、空间对学生进行行为要求和约束。

另外，“人是有限的存在。从生理上讲，他是宇宙的组成部分；从社会上讲，他是社会的组成部分。因此，如若他不去牵制自己的本性，他就无法超越方方面面的限度……人的本性无法完成其自身，除非他受到了一定规范”[②]。“教育学生，不论过去还是现在，总要有一个不断强迫的过程。学生视听言动的方式不是生来就如此的，而是通过教育的强迫力使然”[③]，因此，教育一定带有强制性和规范性。规范性内容一定是班规最基本的要素之一。

陈桂生教授建议不妨从讨论“我们班上大家正常生活、学习和个人自由的障碍是什么”入手（只在本班学生的行为中寻找障碍），然后从大家的意见中，依次筛选出“主要的障碍”“最大的障碍”“非排除不可的障碍”，之后主要针对众多学生不可容忍的行为，订立班规，作为建立班规的起点。尔后，如果出现新的障碍，再有针对性地补充班规条款。[④]这一论述也指出班规内容对学生行为要求的指向。

在日常班规样态中，条目式班规的这个特点最为明显。条目式班规是指把班规简明扼要地一条一条罗列出来，使学生特别明确地知道在班级里应该遵守的行为规则，相当于给学生一些行为“设限”、设定标准，是一种常见的班规形式。这种班规形式的优点是行为指向明确，教师奖惩有标准。这种班规形式的不足：如果条目内容过多，学生不易记住；如果条目长期不变或不符合学生现状，学生不易执行；如果教师不能艺术化运用，则会“名存实亡”，导致教师只有靠严厉的惩罚才能维护班规的

① 马卡连柯. 马卡连柯教育文集：下卷［M］. 吴式颖，等，编. 北京：人民教育出版社，1985：48.

② 渠敬东. 缺席与断裂：有关失范的社会学研究［M］. 上海：上海人民出版社，1999：28.

③ 迪尔凯姆. 社会学方法的规则［M］. 胡伟，译. 北京：华夏出版社，1999：7.

④ 陈桂生. 话说“班规”［J］. 江苏教育研究，2011（4）：10-12.

“地位”。

在条目式班规中，有按照一日常规提出的行为要求，有按照不同场景提出的行为要求。在呈现形式上，有“设限”行为举例式的，也有儿歌式的；在表述语气上，有禁止式的，也有引导式的。

案 例

一日常规式班规

1. 早晨进班，先准备学具、交作业，然后开始晨读。

2. 上课时，坐姿端正，专心听老师讲课，认真思考问题，积极举手发言。

3. 课间要做三件事：上厕所、喝水、准备学具。

4. 见到老师，要大声问好。

5. 楼内右侧行走，上下楼一步一梯，不推不挤。

6. 上操听口令，做操动作到位。

7. 用餐吃多少盛多少，饭后把盘子放回残食台。

在以上班规内容中，班主任主要是从学生一日常规角度罗列出来的，比较适合小学低学段，主要目的是借助班规培养学生一日常规习惯。

案 例

场景式班规

教室里的规则：不大声说话、尊重教师、不奔跑、保持卫生。

操场上的规则：不乱投东西、有序跑步、跑步不打闹、有序使用器材。

食堂里的规则：……

实验室里的规则：……

礼堂里的规则：……

以上班规内容与一日常规式班规有异曲同工之处，只不过是从学生生活场域的角度对学生提出针对性要求，体现不同场域要求的差异性。

案 例

儿歌式班规

铃声响，进课堂，学习用品摆放好。

不说话，静息好，等待老师来上课。

课堂上，专心听，老师提问认真听。

答问题，声响亮，认真书写作业棒。

两课操，认真做，集会站队快齐静。

不追逐，不打闹，安全责任要记牢。

吃中餐，守纪律，学习生活两不误。

爱劳动，讲卫生，纸屑果皮不乱扔。

小学生，要记清，良好习惯益终生！

以上班规也是从一日常规的角度制定的，只不过为了符合小学生形象思维的特点，采用了朗朗上口的儿歌形式，便于学生熟记。

案 例

针对班级问题制定的班规

音乐课：唱歌学谱心情好，小小音符真美妙。

科学课：科学实验增智慧，小组讨论不跑题。

听广播：专时专用长知识，认真倾听消息灵。

课间操：锻炼身体强体魄，动作到位添荣誉。

眼保健操：眼睛也要歇一歇，保护视力做一做。

言行举止：把握分寸换思考，说话文明动作巧。

日常卫生：垃圾纸屑进簸箕，桌斗干净保清洁。

记作业：教师写完，我抄完！

红领巾：我是队员，亮身份。

午饭：按照顺序来领饭，不挑不拣不交换，节约粮食好习惯。

放学路队：抓紧时间快排队，安静有序早回家。

以上班规围绕学生一日生活来制定，但不泛泛而谈，不求全面，而是让学生在寻找各个场景中存在问题的基础上制定的针对性班规。这样的班规更有利于学生解决问题。

在上面班规案例中，班规对学生行为要求的味道比较浓，这种行为指向明确的班规适合小学生，因为小学生既需要大道理，更需要细节指导，让学生在具体的行为养成中形成规则意识，明白在什么时间、什么地点、与什么人交往应该遵守怎样的规矩。与此同时，在初中、高中或者班风比较好的班级中，其班规虽然可能没有像条目式班规那样罗列出细致的行为要求，更多是价值引领，但也缺少不了“行为要求”这一要素。

（二）积极情感——有情

马卡连柯说：“要尽量多地要求一个人，也要尽可能地尊重一个人。”[①]规约、要求是班规的基本内涵之一，但规约、要求不等于强制。教育是对善良人性的唤醒，遵守规则也是人内在本性的需要，如果教师过度使用强迫、训诫的方式实施班规，那么，学生习得的只有不良情绪以及对成人的抵抗。

在学生习得规则的过程中，情感因素也是必不可少的。缺少学生对规则积极的情感认同，缺少学生对美德和美好生活的向往，遵守规则就不会成为学生主动的价值选择。苏霍姆林斯基认为：“我们对学生的爱，应能唤起他敏感的心灵去关怀周围世界，关怀人所创造的一切，服务于人的一切。……我坚信，在学生的心灵中培养人的高尚情操，应这样来着手：使他对别人的态度人道化，使这种态度充满一种纯洁、高尚、尊重人，首先是尊重父母的情感。……学生体会到做好事带来愉悦，就获得了宝贵的精神财富：他的内心就会感到，在一起生活的同学、朋友或其他亲密的人在什么时候和什么地方需要进行帮助。学生感到需要做好事，感到需要别人，他就会成为对周围世界，对人们，对各种行为、事件和人与人的相互关系非常敏感和富有同情心的人。”[②]

班规内容是否有对学生情感的关照，也影响班规对学生后续发展的影响力。如

---

① 马卡连柯. 马卡连柯教育文集：下卷［M］. 吴式颖，等，编. 北京：人民教育出版社，1985：47.

② 苏霍姆林斯基. 给教师的建议［M］. 周蕖，王义高，刘启娴，等，译. 武汉：长江文艺出版社，2014：155-157.

果班规内容仅是强制，没有转化为学生内在的兴趣和动力，那么，班规的规约性仅会体现在班级及学校“现场”，不会迁移到家庭、社区、社会等陌生的、公共的、教师“不在场”的场域；班规的规约性仅体现在对学生当下的影响，不会转化为学生的人文素养。

对于学生来讲，在集体生活中的归属感、安全感、被信任感是其最基本的情感需求，学生如果在班级里获得不了这些情感，就会成为潜在的班级秩序破坏者，或者成为隐形“炸弹”，他们即使不在班级里破坏秩序和规则，也会在家庭、社会中出现破坏规则的行为。因此，班级规则应该向学生传递及培养学生这些积极的情感。

案 例

我们分析一下克拉克的55条班规给我们的启示。克拉克2000年当选迪士尼年度教师，出版著作*The Essential 55*（中译本书名为《优秀是教出来的》）和《教育者的11项卓越品质》等。55条班规内容涉及学习、交往、生活、公共礼仪等各个方面，引起人们强烈的反响。下面按照基本分类，笔者做了部分摘选。

关于学习习惯：

◆ 尊重别人的发言和想法。

◆ 如果别人问你问题，你也回问他问题。

◆ 改同学试卷时，要特别谨慎。

◆ 每天都要做完作业。

◆ 老师在指定作业的时候，不要叫苦。

◆ 课堂上发言或起身，应该讲规矩。

关于交往：

◆ 与人互动，眼睛要看着对方的眼睛。

◆ 别人有好表现，要替他高兴。

◆ 自己有什么好表现，不要炫耀，输给别人也不要生气。

◆ 用小小的贴心，为别人制造惊喜。

◆ 同学受罚的时候，不要看着他。

◆ 别人送你任何东西，都要说谢谢。

◆ 接到奖品和礼物，不可以嫌弃。

◆ 认识新朋友，要记住对方的名字。

关于生活习惯：

◆ 打喷嚏、咳嗽都要说对不起。

◆ 做什么事都要有条理。

◆ 注意洗手间的卫生，把身边的病原减少到最少。

◆ 吃完饭，自己的垃圾自己处理。

关于公共礼仪：

◆ 让客人有宾至如归的感觉。

◆ 去参观别人的地方，要不吝于赞美。

◆ 看电影时不要说话。

关于人生目标：

◆ 自己的理想自己要坚持。

◆ 要乐观、积极地去享受人生。

◆ 别让将来有遗憾，想做什么就竭尽所能去实现。

◆ 把握今天，不要浪费它。

◆ 在你的能力范围内，做最棒的人。

从以上节选的班规中，我们可以感受到班规传递出的积极情感，如：在学习习惯方面，“如果别人问你问题，你也回问他问题”就是要引导学生要珍惜别人的提问，相互提问、回问就是对彼此的尊重和珍惜，相比在学习规矩上仅强调“听课坐直”“学会倾听”“大声发言”等注重个人习惯养成的规则，其更加传递出爱的情感；在交往方面，“别人有好表现，要替他高兴”“用小小的贴心，为别人制造惊喜”都传递出人与人之间美好的情感。在班规中，克拉克也强调每个人确立人生目标、享受人生、珍惜人生的重要性。纵观整个班规，个体对自身的超越、个体与他人之间善意的传递、个体处于公共或陌生群体中为他人着想的善良等，都是借助班规内容传递出来的。

同时，55条班规内容也体现出具体、明确的特点，落实在学生具体的行为上。如：在学习习惯方面，“老师在指定作业的时候，不要叫苦”“课堂上发言或起身，应该讲规矩”；在交往方面，“同学受罚的时候，不要看着他”“别人送你任何东西，都要说谢谢”都非常清楚地告诉学生如何去做。

班规内容以及形式因班情以及教师个人风格而有差异，我们看下面这位班主任借助名言警句制定的小学五年级的班级公约。

案 例

同伴交往公约（摘选）

1. 要争取朋友，最可靠的方法就是尊重对方的意见和满足其自尊心。

解读：你和我，在一起，“尊重”二字要谨记。同伴交往有诀窍，尊重他人是前提。

2. 凡是对他人有害的，对我也是有害的；凡是对他人有益的，对我也是有益的；良心总是这么说。

解读：遇事情，多考虑，换位思考增友谊。心中有他人，同伴相处多欢喜。

3. 彼之理是，我之理非，我让之。彼之理非，我之理是，我容之。

解读：有分歧，有争议，静下心来细辨析。会反思，进步快，懂宽容，朋友来。

4. 聪明人都明白这样一个道理，帮助自己的唯一方法是去帮助别人。

解读：成长中，困难多，获帮助，路宽阔。会倾听，能分享，讲奉献，添力量。

（北京市海淀区万泉小学　于晓桓）

在上面案例中，班主任借用名言警句制定班规，班规内容也传递出人与人之间的积极情感。班主任借助班规培养学生站在他人角度思考问题、积极体会他人情绪情感的能力。

（三）班级归属——有家

正如马卡连柯所言：“纪律首先并不是教育的手段，而是教育的结果，以后才能成为一种手段。”[①]在实践中，多数班主任把班规作为培养学生纪律的一个载体。那

① 马卡连柯. 马卡连柯教育文集：上卷［M］. 吴式颖，等，编. 北京：人民教育出版社，1985：220.

我们可以换一种思维来理解，教师首先不要、也不应该把班规作为维护纪律的手段，因为如果我们建立这种思维，教师就容易过度依赖规则来建立秩序，容易采取强制手段来进行班级管理，容易导致教师权威至上。如果我们换一种思维模式，把学生纪律意识的形成首先看作是教育的结果，那么，我们就会认识到集体在学生成长中的重要性，重视对学生集体归属感的培养。班规作为班级最重要的制度，也可以与班级文化建设结合起来，借助班规培养学生的班级归属意识。同时，发挥班规的积极作用，也可以进一步激活班级组织，使班级组织进一步创新，为学生发展提供良好的平台。如果班主任在引导学生制定班规的过程中，首先把班级看成一个“家”来维护的话，那么，班规内容一定是充满关爱和鼓励的，而不是相互诋毁和鄙视。

在现在竞争氛围比较浓厚的社会背景下，家长都非常重视学生的学习成绩，每个家长都在背后相互“攀比”，因此，如果班主任在班级建设中缺乏“家”“集体”“互帮互助”观念的渗透和引导，学生之间极易出现“对立”“竞争”“自我至上”的心理，这对于班集体建设而言是致命的障碍。

在班规等班级制度中，更容易出现这种苗头。如：很多班主任在与学生讨论“出现违反规则的学生后怎么办”的问题时，很多学生，包括小学中低学段的学生都会提出种种惩罚的措施，认为惩罚是解决一切问题的灵丹妙药。殊不知，种种惩罚措施恰恰削弱了师生之间、生生之间的情感。因此，在班规内容中，应包含集体归属的因素，让学生感受集体的温暖，进而在集体生活中习得规则。

案 例

青青园中葵，活动创班规

我所带班级的班名是“青葵班”，班训是“跃动、包容、善行、和乐”。我组织学生围绕班训开展了一系列的活动，其中非常重要的一项活动是在二年级时，我组织学生在系列活动体验的基础上，围绕班训进行班规的制定与实施。以下是班规制定的过程以及形成的班规内容。

一是跃动，意指激发每一位学生成长的内在动力，实现学生自主管理。

如何调动学生的积极性，让他们自主管理好班级呢？我让学生根据自己的兴趣确定目标岗位，通过个人评比表的考核来获得心仪的岗位。获得岗位后，学生开始了自己繁忙而有序的岗位工作：植物达人美化班级环境；图书天使组织读书活动；纪律卫士规范学生在校秩序；卫生总管安排值日和大扫除……学生人人有岗，岗位不分高下，更有葵班议会来负责监管各个岗位的工作情况。

积分换岗提高了学生的岗位管理兴趣，在此基础上，我们制定了“跃动”班规：选择一个目标岗位，通过自己的努力去得到它；获得该岗位后，请认真参与班级岗位培训，按要求上岗；由葵班议会监督各岗，根据个人履职情况评选出岗位小能手，并获得奖品；首先要学会服从管理，才能管理他人；公正地管理，公平地获得。

二是包容，意指学生在生活中要学会相处之道，与他人共同成长。

跃动是学生内在成长的助力，包容则告诉学生如何在集体生活中接纳他人，用包容之心与群体相处。我们开展了以包容为主题的系列班会，学生在班会中一起探索体现包容的相处之道。

借助系列班会活动，我们制定了“包容”班规：别人有好表现，要替他高兴，给他点个“赞”；尊重别人的发言与想法，你可以微笑着点点头；善于发现同学的优点，每月给一位同学写一封表扬信；给同学多次改正的机会，学会鼓励；同学受批评的时候，不要笑；包容不是纵容，勇敢说“不”。

三是善行，意指有好的行为及好的礼节，能言行仁善。

我们通过开展诗词会、开设古代礼节课，让学生学习传统礼节，变得彬彬有礼；我们通过开展儿童节义卖活动，让学生知道乐于助人的真正含义，体会到帮助他人的乐趣。

借助以上活动，我们制定了“善行”班规：要与人友善，始终有颗善良的心；称呼他人时，不要搞怪；会说你好、谢谢和抱歉；不要吝啬你的赞美；不可以插队，但遇见别人插队，请轻声提醒；在力所能及的范围内，多帮助别人。

四是和乐，意指在快乐的气氛下享受童年、勇于创造，这是我们对班级氛围的期待。

我们开展了戏剧表演、独立创刊、赛诗会等多项活动，激发学生的创造力，让他们绽放光彩，展现魅力。

借助以上活动，我们制定了“和乐”班规：勇于体验创造，每学期有一个不同的新尝试；比赛有输赢，我们班不埋怨；积累“快乐”，做快乐盒子，定期分享；在错误中学习，就能继续前进；积极运动，坚持打卡；相信自己，你可以做到最好。

班规的制定不是一蹴而就的，在“青葵班”，我们利用每一个教育机会来不断更新学生对班规的认识；班规的内容不是一成不变的，在“青葵班”，我们用动态的眼光聚焦每一次活动，借助活动不断丰富与完善班规的内容。

（北京市海淀区上地实验小学　刘昕雨）

在上面案例中，班主任从班级文化、班级核心价值观的角度制定班规，培养学生班级归属感、荣誉感的特点就非常明显。整个班规中透出教师对学生浓浓的爱意，也传递出学生之间要相互关爱的信息，学生就会感受到大家是一家人，进而使学生获得集体、家庭的归属感。正因为在充满爱意的家庭中，学生才会去遵守各种规则，维护各种秩序，以使自己的大家庭处处散发正能量，这可能就是马卡连柯所说的纪律是教育的结果，而不是教育的手段。

相反，如果教师的人性假设就是“性恶论”，认为学生必须经由控制才能获得良序；如果教师认识不到学生成长的阶段性和差异性，要求所有学生都在同一时间、同一阶段表现出同样符合成人意愿的行为，那么，个别“跟不上”的学生就会遭受“不一样”的待遇。而教师如此的教育观和学生观，也会影响班级氛围的建设，在教室里就会出现“猫和老鼠”“警察与小偷”的角色，缺乏教师对学生基本的信任和尊重。

比如，有些班规中的规定如下：“主动检举揭发他人违纪情况的同学将奖励0.5分。”“每隔一个时间段，根据每位同学的积分情况，实施分等级处罚，一共有5个等级，以*号的多少来区分，*号越多处罚越重。”“对违反规定行为的判定，建立在两个方面：一方面是教师课堂观察得出的结论，另一方面是同学的揭发反映。（为了降低对课堂秩序的影响，对违反纪律者的检举揭发一般在课后进行，影响严重的除外，但一定要有真凭实据，最好要另外有证人；主动检举揭发他人者会有适当的奖励。）”[①]

① 对超烂班级制定的课堂管理细则［EB/OL］.［2011-12-20］. https://wenku.baidu.com/view/3d199034f111 f18583d05aa6.html.

这样的班规充满了“严酷”“监控”的味道，学生并不像充满朝气的莘莘学子，而像是被关在笼子里的相互检举者。这样的班级生活不会给学生留下任何美好的回忆。

（四）道德归属——有德

人具有自足的价值属性。人类社会发展的最终目的是促进人的发展。马克思提出，“人本身就是人的最高本质”，人总是“使自己成为衡量一切生活关系的尺度”，人是至高的价值。①而人之所以成为至高的价值，是因为人总是在不断超越现实、超越时代和社会，用可能的、理想的世界来审视和改造现实世界，不拘泥于物质追求，而是追求理想和真理，追求心中的道德，推动人类向着至善的方向前进。

“道德所关注的是怎样使人活得更像一个人，它所确定的是人的生活原则、生活根本方向，它所涉及的是整体生活的善。‘怎样去成为一个人’的根本生存方式问题是道德的核心问题，而不只是‘应该怎样去行动’的具体规范问题。”②

班规从外在形式上理解是对人“应该怎样去行动”的规范问题，但规范视角一定不是教育人的原点，班规发挥它的育人价值一定要回到育人原点上去，而规范的原点问题则是道德问题以及使人为善的问题。

因此，教师应认识到，建立班规的目的是引领学生过一种幸福、道德的生活。制度本身具有道德属性。其体现在班级制度中，教师引领学生建立班规的目的不仅仅是规约学生的行为，而是引领学生的心灵成长，提高学生的道德修养，进而让学生由内而外、发自内心地去遵守规章制度。因此，借助班规规约学生行为的同时，一定要提高学生的道德修养。“德”一定是班规内容中应该包含的要素之一，也是最本质的要素。

如：为了避免学生之间因相互借东西而发生各种不愉快，班主任特意制定了“不准互相借东西”的规则；为了维持桌椅摆放整齐，制定“走路不允许碰到桌子”的规定。这种查漏补缺、灭火式的思维，只看重学生行为是否符合标准的做法就是只看到了班规的“有序”属性，而忽视其道德属性。然而，不重视班规对学生道德思维引领作用的做法不但会造成教师管理班级非常低效，而且会引发学生不良行为的丛生。

如：在第二章的案例中，“猫的国”班规的制定就有对学生道德成长引领的因

---

① 马克思，等. 马克思恩格斯全集：第1卷［M］. 北京：人民出版社，1956：469.

② 鲁洁. 做成一个人——道德教育的根本指向［J］. 教育研究，2007（11）：11-15.

素。首先，这位班主任引导学生制定了“猫的国”的班规，班规中有对学生行为的要求，即“有序”的因素，并且非常具体、可操作，如：“别人掉东西，请弯腰去帮他捡”“用小小的贴心，为别人制造惊喜”“多鼓励、赞赏并帮助那些暂时落后的同学”，这些规定告诉学生在教室里应该如何行动，但这份班规内容又不止于行为约束的层面，其中还包含了积极的情感，如“温暖”这个道德引领，也就是说，告诉学生之所以要拥有这些行为，目的是做一个温暖的人，让具体的、外在的行为获得了抽象的、内在的道德意义，反过来让学生用道德引领行为，让学生享受“人之所以为人”的快乐。

我们再看下面这个案例，教师从学生权利、义务的角度进行班规的制定，实质也考虑了对学生道德素养引领的因素。

案　例

我们都有学习的权利

为了好好学习，我们应该：

◆ 按时上课（安静进入教室）。

◆ 就座，放松心情，准备上课。

◆ 准备好学习材料。

◆ 有问题请举手，遵循平等公正原则。

◆ 控制好说话的声音，低声交谈。

◆ 如果需要教师帮助，记住这样做：检查作业→与同伴商讨→向教师寻求帮助→完成其他任务。

我们都有被尊重的权利

为了相互尊重，我们应该记住：

◆ 共享空间，明确来这里的目的。

◆ 理解和尊重他人的基本感情（这是基本的待人之道）。

◆ 除了身体安全外，安全还包括情感安全、空间安全和私人财产安全。

◆ 谨慎使用语言（不羞辱他人、不恶意中伤），学校杜绝欺凌行为。

◆ 礼貌待人，关怀体贴，彬彬有礼。

——罗杰斯

案　例

在班级中，班主任围绕“尊重”、结合不同场景，对学生提出了规则要求。

【学习时间】

尊重自己：积极倾听；做好上课准备。

尊重他人：手脚放在自己身上；低声说话；听从老师指令。

尊重环境：正确使用材料和设备。

【玩耍时间】

尊重自己：留意你周围的环境；尝试结交新朋友；保持卫生清洁。

尊重他人：己所不欲，勿施于人；听从老师的指令；快速排队回班；出学校慢慢走；遇到问题及时求助老师。

尊重环境：正确使用设备；把垃圾扔进垃圾桶。

班规的基本目的是约束、管理人的行为，但仅靠外部规约和制度惩戒，是否能确保学生内心向善以及品行端正呢？外部的行为如何才能与内在的动机有机结合起来，使学生外在的守规矩的行为是由内而外道德的自觉呈现呢？从这个角度讲，显然仅靠规则无法实现帮助学生道德自律的目的，因此，必须站在道德人格塑造的角度来理解和实施班规。

道德领域归根到底也是涉及他者权利与福祉的领域，罗杰斯制定班规就是从权利与义务的角度进行，但背后也是引导学生站在道德的高度培养自己的日常行为规范。

从这个角度理解班规，就不仅从是否违背了班规本身来判断对错，而是从是否影响了他人的权利、福祉以及是否妨碍满足他人最基本的需求来判断行为的好坏，进而培养学生的道德敏感性。

如果学生没有对班规的价值认同以及与制度要求相适应的伦理品质，班级制度便只剩下一个空壳。

制度的道德性为学生提供了过有道德生活的情境，使学生在日常的班级生活中理解和学会公平、公正、民主、合作、自由、规则等，理解每个人在公共生活中的权利与责任。引导学生过有道德的班级生活，就要求教师在日常的制度文化建设中，对学生进行价值的引领，而不是简单的训诫。如：不迟到、自习课不讲话等，既是纪律的要求，也事关个人公德意识；举手提问、排队等候、课堂不乱讲话就是尊重每个人安静学习、不被打扰的权利。学生只有理解了制度背后的价值，看到规章背后需要尊重的人，才能激发其情感，形成大爱的胸怀。

四、把握序、情、家、德之间的关系

“知识原本是人之生命活动的产物。人在进行知识生产时，不仅投入他的智力，同样也寄予自己的热情、期待、理想，投射出自己的生活目标。这也就是说，人们在他们所建构的知识中必定将自己的需要、本质和一切生命活动对象化于其中，知识所表现的不仅是认识的对象，同样也现实地复现了人自身：作为人之精神成果的知识，只能是人全部生命的结晶，它不可能只是单独由智力和理性结出的果实。”①

反观班规等班级制度也是如此，规则也是人们探寻生活意义的过程中结出的一种果实。不同于对客观世界探索得出的科学知识，规则是人们在探寻人与外部世界交往中需要遵循的道德知识。因此，规则虽然以文字形式呈现其要求，但每一个规则背后都蕴含着人们赋予规则的意义、价值以及情感。人在规则中饱含了对生命的尊重，人在规则中追寻人存在的意义，人在规则中促使人从自在走向自为，让人实现对现实的不断超越。

班规在很多班主任眼中是“纪律”的代名词。但“纪律”一定是命令、严苛、被动执行吗？“纪律”里有人的主动性、创造性、生活热情和集体荣誉感吗？我们看一下马卡连柯对此的论述，会有所启发。

“有时候，大家把最能服从的人称为守纪律的人。当然，在绝大部分的情况下，要求每个人都能准确地、迅速地完成上级机关和首长的命令和指示，不过，……，所谓服从根本不足于表示一个人是守纪律的。简单的服从不能够使我们满足，尤其不能以盲目的服从为满足。”②我们要求学生有更加复杂的纪律性，不仅要求学生知道为什么需要完成这个命令，而且要求他们本身积极地、尽可能地努力完成这个命令，还要求学生具有主动的和创造的意志，不等待指示和命令就准备完成自己的任务。③“在苏维埃社会里，只有在任何情形下总是善于选择最有利于社会的正确

---

① 鲁洁. 道德教育的当代论域［M］. 北京：人民出版社，2005：279.

② 马卡连柯. 马卡连柯教育文集：下卷［M］. 吴式颖，等，编. 北京：人民教育出版社，1985：148.

③ 马卡连柯. 马卡连柯教育文集：下卷［M］. 吴式颖，等，编. 北京：人民教育出版社，1985：148.

行为，并且不管任何的困难和阻碍、始终坚持这种行为的人，才有权利成为守纪律的人。很显然，仅仅借助于纪律，即学会服从，是不可能教育出这样守纪律的人的。”①

通过马卡连柯的论述，我们可以感受到：对于作为培养学生纪律性载体的班规，我们不能简单地把规则看成是行为规定和约束，而要看到规则背后的情感、愿望、集体归属、道德归属等。只有在有影响力的集体中，班规才能发挥其作用。

有序、有情、有家、有德是班规内容应该包含的要素。一个好的班规应该去协调这几个要素之间的关系。但根据学段差异、生源差异、教师带班风格差异以及班集体形成阶段，教师也可以灵活把握这几个要素之间呈现的侧重点。

（一）低学段、新建班、生源复杂班，班规内容具体化非常重要

在低学段，有序比较突出，班主任常常借助系列条目告诉学生该怎么做，并且表述会非常具体，以便学生操作。新建班级条目式班规用得也比较多，因为对于刚刚新建的班级，师生之间、生生之间还不熟悉，还没有建立起共同的班级文化。因此，一些条目式班规可以帮助大家建立一个班级基本的心理和行为秩序。另外，生源比较复杂的班级可以适当运用条目式班规，因为生源差异比较大的话，学生在价值观和行为方式上也会有比较大的差异，尤其是对于学习习惯和生活习惯还没有建立起来的学生来说，条目式班规可以让大家在基本的行为方式上形成共识。

侧重有序的班规内容可以与学生习惯培养相结合。如：对于低学段学生来讲，他们刚刚进入真正的集体生活中，也逐渐开始脱离幼儿园保育的方式，尝试学着与同伴、老师交往。因此，如何与别人交往、如何在集体中学习和生活就是班主任着重要培养学生的内容，俗话说，教育最重要的是培养学生习惯。因此，班主任可以把班规与学生习惯培养结合在一起，针对学生在不同阶段会出现的一些问题制定出指令明确的班规内容，使学生根据指令就能知道应该遵守哪些基本的规则。

当然，班规与习惯培养也有很大的区别，如：习惯更倾向于个人良好行为的养成，具有个体属性，它不会对其他人造成直接的影响，像班主任着重培养的学生个人卫生习惯、穿衣习惯、写字习惯、坐姿习惯等就属于习惯培养，一般情况下，对于习惯养成教育，教师会有单独的一套方法，主要借助儿歌等方式培养学生基本的日常生

① 马卡连柯．马卡连柯教育文集：下卷［M］．吴式颖，等，编．北京：人民教育出版社，1985：149.

活和学习习惯。但与他人、集体相关的一些习惯，尤其是影响同伴交往和集体建设的习惯，班主任就可以借助班规的形式加以强化。

案 例

一年级着重培养学生习惯，学生整体习惯基本养成，班级整体有序进行。但与一年级相比，二年级学生有了自己的想法，也逐渐把在家任性的一面带入学校，不考虑别人感受、依自己性子做事成为他们很重要的一个特点，具体表现在：与同学发生矛盾后，更多的处理方法是回家向父母哭诉，让父母参与学生矛盾中；课堂上同学回答错了，会出现低低的嘲笑声；别人掉东西，都当没看见，绝不帮忙捡起来；不听科任老师管束。

在苦苦思索之下，我梳理出了班级中的一些问题，并以“爱唠叨的沈老师”为主题召开一次简单的班会。班会前期，我让每个小组推选出一个记录员，开始为期一周的“唠叨”记录，即记下平常老师最爱唠叨的话，最会因什么事情批评学生。通过一个星期的记录，学生虽然做得不是很完美，但是大概整理出了几条我最爱唠叨的事情：第一，同学被批评，有人在下面笑；第二，漠不关心同学掉地上的东西或者垃圾；第三，对同学送的礼物挑三拣四；第四，不听科任老师的话。

在记录员交流了自己的记录后，学生纷纷表示这确实是老师平时爱唠叨的事情。然后，我开始让学生去探寻这些唠叨背后的原因，思考老师为什么唠叨，为什么批评。学生在讨论中都能发现自己的问题，也能懂得老师的唠叨背后对他们的关心。接着，我开始让学生交流怎样能够不让老师唠叨，能够自律。最后，在我的引导下，学生一致决定根据班中的问题定一些自我提示的标语。于是，我们开始根据梳理的问题定下一些由学生讨论通过的标语，共10条。我告诉学生，这些标语可以叫作“班规”，于是我们的班规就形成了。具体班规内容如下：

1. 别人表现好，应该为他高兴。
2. 自己表现好，不骄傲；输给别人不生气。
3. 同学被批评时，我们不要窃笑。
4. 接到奖品和礼物，不可以嫌弃。
5. 别的老师来代课也要守规矩。

6. 别人掉东西，请主动帮他捡起。

7. 你不小心撞到别人，不管有错没错，都要说声对不起。

8. 有谁欺负你，让老师知道。

9. 见到每一位老师都要说：×老师好。

10. 在你的能力范围内，做最好的自己。

当学生出现上述问题时，教师就友善提醒，但学生年龄小，很多内容记不住，所以班规条例要在不同的时间点有不同侧重点地培养，当学生熟悉后就可以更换其他的内容。同时，学生习惯不是轻易形成的，老师讲完不久后，学生就忘记了，所以也要配合其他的教育方式同时进行。

（北京市朝阳区劲松第四小学　沈艳杰）

案　例

我们学校是一所农村学校，学生大部分是职工子弟，其小学也来自职工子弟学校，从小养成的规矩较少。作为一个新组成的集体，首先，班主任在明确班集体的发展目标和规划后，就要根据发展目标和规划，制定班规。而班规的制定可以实行集中民主制。因为作为刚进入初中的学生，如果完全放手让他们去制定班规，他们会漫无目的，没有方向。所以我的做法是，自己根据规划，这个学期要让学生养成什么习惯、形成什么样的班风、解决什么样的问题，初步为班规设立一个框架。其次，召开班干部会议，了解班主任没有发现的问题，针对这些问题和班主任对班规的初步设想与班干部协商，提出改进意见再次建构班规的基本框架。最后，利用班会课，把班规基本框架向全班同学展示，并且和全班同学共同商讨每个条目下的细节。

若要班规有效果，就要简约明了。条目不要太多，可以根据班情重点解决几个问题或者养成几个好习惯。如果每个学期都能解决班级几个大问题，养成一到两个好习惯，这也是很大的收获。初一时的班规如下：

自习：安静有序，不商讨问题，不看课外书。

课间：不大声喧哗，不打闹，不骂人。

课前准备：摆放整齐，静候老师。

课堂纪律：禁止上课喝水，吃东西；不写与当堂无关的作业；不讨论与课堂无关的话题。

两操：安静有序，不推搡，不打闹，不说话。

作业：干净整洁，不抄作业，不落作业，按时完成作业。

（北京市第十六中学　李霓）

在低学段，班主任也常用朗朗上口的儿歌帮助学生养成行为习惯。

案　例

唱童谣的“班爸爸”

开学的前一天，因某位老师病重住院，导致几位老师新学期的工作需要重新调整。而我这个二十几年来一直任教高年级的男教师，被调整为二年级（2）班的班主任。

开学第一天的第一节课，我拿着学生名册走进教室。学生突然看到一位男老师进来，愣住了。但只过了半分钟，就开始有声音了：

“你是谁呀？”

“怎么到我们班来了？”

“我知道，他是教我姐姐那个班的老师，我姐姐都上中学了。”

“老师，你找谁呀？”

…………

面对这么多张稚嫩的小脸，这么多稚嫩的问题，我开心一笑，赶快解释起来：“我姓苑，是咱们班的新班主任。从今天开始，就由我来教大家语文了。”

“那我们班的王老师呢？”

“我想王老师了！”

“我也想王老师了！”

…………

就这样，当天的课就是在聊天和回答问题中度过的。学生虽然已经初步接受了我这个新班主任，但是，没有良好的纪律怎么能保证正常的教学秩序呢？连续几天，我辗转反侧，思考对策。

新的一天开始了。怀揣“法宝”的我满怀信心地走进课堂。

“老师好！”

“老师好！”

“苑老师好！”

…………

“同学们好！这节课老师教大家一首童谣，想学吗？”

“想学。”

“请大家跟着老师一起读。”

上课时，要做到，
眼看前，身坐正，
手交叉，脚放平，
想发言，先举手，
老师请你再开口。

学生一边诵读儿歌，一边按照儿歌里的内容调整自己的行为。诵读完毕，学生也精神奕奕地坐好了，省去老师大量的课前组织教学工作。

经过这一日的实践与摸索，我觉得大有收获。于是，我创作了许多朗朗上口的童谣。

课堂讨论正激烈时，学生丝毫没有停下来的意思。但老师又要继续讲课，这时，生硬地叫停往往不起作用。其实，老师简单的一句话即可解决问题。

教师：我的眼睛看着你。
学生：我的眼睛看着您，
认真学习不骄傲，
遵守纪律很重要。

这时，你再看，几十双大眼睛正炯炯有神地盯着你，乖乖地等待你进行下面的工作。

教师上课提问是很正常的，但是经常会出现学生随意搭话的现象，扰乱正常的课堂秩序，甚至打乱教师的讲课思路。这时，一定不要着急，因为从表面上看，学生虽然是在随便说话，但这也说明他的思路还是跟着老师的教学思路走的。你可以采取巧妙的方式告诫他。

教师：没有举手就说话？

学生：哎呀呀，不得当，

随便说话没礼貌；

哎呀呀，不举手，

你言我语乱哄哄。

教师：我们应该怎样做？

学生：想发言，先举手，

老师允许，再开口。

别看孩子年龄小，经过这样一番“劝导”，早已不好意思地低下了头。当然，这种巧妙的“劝导”要择人而“劝”，掌握得好，则事半功倍；不然，则适得其反。

老师要求完成课堂作业，可以采取比赛的方式促进学生适当地加快速度。但是有的学生边写边玩，耽误了时间。这时，老师可以发动集体的力量，让大家来催促他不要玩了，快点写作业。

教师：同学们催催他。

学生：×××，

一、二、三、四、五，我们等得好辛苦！

一、二、三、四、五、六、七，我们等得很着急！

这时，你会看到群众的力量、舆论的力量大得很呢！×××必然加快了速度。数次之后，他也加入了催促别人的行列。

夸人是一门艺术，谁都喜欢被夸奖。小孩子更是这样。所以这种形式要经常用，时时用，不嫌多。如果是集体夸奖一个人，这会更加令他自豪。不信，你看，全体学生面对着一名学生伸出大拇指齐声夸耀：

×××，你真棒！

你是我的好榜样！

此时，这位被夸奖的学生心里早已美得乐开了花。

夸人是要经常用的，但适时地批评也有必要。低年级学生喜欢玩纸，撕得满地都是，破坏环境。这可不是一个好习惯。教师要利用集体的力量教育他，同时也震慑别人。全体师生伸手指向他，大声说道：

教师：乱丢垃圾不环保。

学生：我们的教室我们爱！

只见这个学生乖乖地捡起地上的垃圾，羞愧地低着头。

像上面这样的实例在教育教学中还会遇到很多。我都巧妙地利用低年级学生的心理特点和年龄特点，用童谣式评价方法在教育教学过程中指导他们的行为。我发现，在班级中、在课堂上遇到的很多令人头疼的难题，就这样被巧妙地解决了！学生也在背童谣的同时学会了约束自己的行为。而且，有时老师并没有讲话，学生之间也能利用童谣来表扬表现好的同学或批评其他不遵守纪律的同学了，他们有理有据、认真负责的样子，令人忍俊不禁。

（北京市海淀区双榆树中心小学　苑宝禄）

条目式班规一般清晰、明了、具体、可操作，使学生一目了然地知道近期应该关注和培养的重点。随着学生的成长，班规条目要及时调整，这样才能让学生感受班规的动态存在。同时，简明扼要的条目式班规也有助于学生行为秩序的逐渐形成。

（二）随着学生年龄增长以及班集体的形成，情感性、归属感、道德感越来越突显作用

随着学生年龄增长，学生的抽象思维以及道德理性能力有所提高，教师在班级中就要逐渐突出道德的引领作用。同时，从小学中学段开始，学生的主体意识开始突显，他们不再盲目听从成人的建议，而是逐渐开始有自己的思考，行为规范也开始由他律逐渐走向自律。在这个关键阶段，教师在抓班规的同时，就要加强对学生道德意识的激发以及激发学生对善美生活的向往，使学生遵守规则并逐渐从他律走向自律。当然，道德的引领可以与明确的行为标准结合起来。

案例

学校对学生行为规范提出了“四守”要求，即守时、守信、守礼、守纪。首先，学生依据学校目标说规则，对规则形成共同认知，即班级常规规则是为实现班级目标而制定的共同约定。其次，分组交流明目标，讨论“四守”要求学生达成什么样的目标，该怎样为之努力。最后，班级讨论定细则，确定班级常规规则的具体要求，张贴在教室里。

学校目标	班级目标	具体要求
守时	遵守时间	铃声响后，学生迟到要向全班道歉，向老师说明原因
		集体外出活动，迟到超过5分钟，视为放弃参加活动
	管理时间	专时专用
		利用碎片时间改错、阅读
守信	勿自欺	认真完成老师布置的任务
		老师在与不在都一样，言行一致
	勿欺人	没有把握的事情不轻易许诺，答应别人的事情要努力做到
		不为满足自己的个人利益说谎、作假
守礼	尊重同学	使用礼貌用语，举止文明
		不干扰同学的私人空间
	尊重老师	见到老师主动问好
		不顶撞老师
	尊重家长	主动向家长打招呼
		生活自理，主动承担家务
守纪	衣着穿戴	校服整洁干净
		男生不留长发，女生不化妆
	课堂纪律	不恶意打断教学
		积极回应老师提问

（北京四中璞瑅学校　孙秀林）

案 例

对班级公约的制定，我颇费思量：既要有基本规范的要求，又要有较高的目标追求，既不能全部是不迟到、不早退、不玩手机之类的底线，也不能好高骛远，华而不实。一句话，在脚踏实地的基础上，还要仰望星空。在公约里，既要有关于仪容仪表、迟到早退等基本规范的表述，也要有关于个人修养、公德意识的培养要求。我把学生提出的班级公约内容做了分类整理，分成仪容仪表、文明礼仪、集体活动、个人修养四个方面。除了学生的提议之外，我增加了交友和责任感培养等方面的内容。我认为，物以类聚，人以群分，高中阶段的学生与什么人交友对个人发展的影响很大，而培养学生的社会责任感也是教育的重要内容，学生需要这些内容。我把班级公约的内容全部整合成四字短语。为了好读好记，我给每句加了韵脚。

仪容仪表　青春大方　言语文明　举止端庄

谈吐不俗　良好修养　尊重老师　友爱同窗

爱护公物　轻拿轻放　惜时守时　牢记不忘

自习课堂　公德考场　安静有序　无人守望

晨会集会　班级之窗　站姿挺拔　充满阳刚

慎交朋友　积极向上　诚实守信　勇于担当

（摘编自陈宇《九六班级公约　我和我的新一班》，载于《班主任》）

（三）处理好基于问题与基于引领之间的关系

在上面案例中，我们呈现了一些常见的班规类型以及班规内容，绝大部分教师头脑中常用的班规形式是条目式班规，觉得条目式班规对学生行为要求明确，结果可量化。但也有一些教师不主张太精细化的班规，主张粗线条的班规，给学生更多的自由发展空间。为此，我们需要讨论：班规一定要针对学生出现的问题制定吗？如何协调基于问题的班规与基于引领的班规之间的关系呢？笔者认为，班规内容应把握理想生活与现实生活之间的张力。

制度是人为的产物，人们之所以制定制度就是为了过有序且美好的生活。班级制度也是如此，班主任之所以引导学生制定班级制度，就是为了让班级有序且形成有凝聚力、美好的班级氛围。当然，对美好生活的限定是基于对美好生活的思考还是基于对当下生活问题的解决，这决定了班主任的思考高度，也决定了班级生活和班规等班级制度的品质，即是基于问题思维还是基于规划思维来思考问题。问题思维是指教师在制定班规时的定位是纠正学生当下出现的不被班级认可的错误行为，也就是目前教师经常用的让学生分析自己还存在哪些问题需要解决，那么就制定哪些班规。

如：在上面案例中呈现的条目式班规基本上都是针对学生存在的问题来制定的针对性班规。这种模式在实践中运用比较多，基本模式是让学生分组讨论当下最需要制定的班规内容，每个小组可以围绕一个方面讨论，如：第一小组围绕排队制定班规细则，第二小组围绕作业制定班规细则，第三小组围绕课堂纪律制定班规细则，等等；也可以是每个小组发散思考，最后全班一起讨论最需要哪些班规。

这种班规制定模式基于学生当下生活、基于解决当下问题，使学生在班规“聚光灯”下逐渐消灭自己的不良行为，具有一定的实效性。但这样的班规仅关注现实和当下问题，对学生成长是否具有长远性和引导性就要打一个问号了，因为停留在“管住”学生不出事的班级管理方法会让班级死气沉沉，让学生觉得索然无味。

规划思维是指班主任在引导学生关注当下生活的同时，不会忘记让学生“抬头看未来”，实现“脚踏实地”与“仰望星空”并存。我们提倡班主任在引导学生制定班级制度时，首先要引导学生思考预期和向往的班级美好生活是什么，引导学生向美而生。当下很多班主任在制定班规时，已经改变“教师说了算”的模式，而是先进行班级标识文化建设，引导学生确立班名、班徽、班训、班级口号等，进而借助班会与学生一起讨论“希望过怎样的班级生活？”“如何才能过上希望的班级生活？”等问题后再让学生讨论制定班规。如：有的班主任提出“教室里既有尺度又有温度”的理念。又如：有的班级自称“猫的国”，教师引导学生从众多的“猫”身上提炼出猫的特质——优雅、勇气、温暖、担当、梦想、个性。围绕前五大特质，学生展开讨论：“什么是温暖（优雅、勇气、担当、梦想）？”“什么样的行为是温暖（优雅、勇气、担当、梦想）的？”最终，教师和学生统一思想并形成了“猫国公约”。其中，学生围绕“温暖”制定的公约包含：别人不小心撞到你，或者你不小心撞到别人，不管有没有错，都要说声“对不起”；别人掉东西，请弯腰去帮他捡；自己的事情自己做，别人的事情帮着做；用小小的贴心，为别人制造惊喜（日常的帮助、节日的问候等）；用自己的爱心，为班级（学校、家庭）等所在的地方创造价值……[①]再如：

① 王晓波. “猫的国”的故事：用文化引领班级朝向卓越［J］. 班主任，2017（2）：26-29.

北京市海淀区红英小学基于学生亲社会行为（调节行为、帮助行为、分享行为、利他行为、习俗行为、包容行为、公正行为、控制行为）的范畴制定了学生“阳光密码二十条”。

以上案例就很好地把握了理想生活与现实生活之间的张力，是规划思维的体现。不仅有对美好生活的向往，让学生对班规有美的体验，而且落实在具体行为上，让学生知道做到哪些行为就可以创造一间幸福美好的教室。学生出现好的行为并不是满足教师的管理需求，而是让学生过上一种美好的道德生活。

班规作为班级制度的一种载体，是教育的一种手段。一切手段只有与教育的初衷、目的一致的时候才能够发挥其教育效应。通过上面几个因素的分析，我们也能感受班规内容以及班规形式的多样性。一个班级的制度会因学生的年龄特点、家庭背景、学校文化、班级文化而显出极大的差异性。因此，建议教师在遵循班规内容基本要素的基础上创造性地建设和实施班规。并且，对于一个班级来说，班规也是不断变化的，没有一劳永逸的班规。

五、班规内容需要讨论的几个问题

（一）每个班级一定要有文本化的班规吗

有的班主任疑惑，每个班级一定要有文本化班规吗？我的班级就没有明确的班规，但班级秩序和班级氛围依然非常好，所以，班规不是必要的。

其实，这里涉及班规存在形式的问题以及学生行为是否只受班规约束的问题。

在实际生活中，人们所遵守的行为规则有不同的层次和类型。一是人类社会行为规则，也就是人类在发展过程中形成的基本的伦理道德规则，如：诚实、公正、仁慈，正如社会主义核心价值观一样，这是从整个社会层面对人们行为的引领和制约。二是文化映射的规则，也就是在社会群体中形成的基本的道德规则，如：在家就应该尊敬父母，友爱兄弟姐妹；在校就应该尊敬师长，礼让同学。三是国家时空规则，如：《中小学生守则》就是国家对中小学生应该遵守怎样的行为秩序的规定。四是学校时空规则，每个学校都有校规、校训以及个性化的规则培养体系，如：学生入校后学校也会进行各种培训，并且校规、校训及学校行为守则都会融入学生的日常校园生活中。五是班级文化，每个班级都会建立自己独特的班级文化体系，如：班名、班训、班徽、班级核心价值观等，它们有助于形成有凝聚力的班级，班级文化也是对学生行为系统的隐性规约，或者说从价值引领层面对学生行为进行正向的引领和约束。

因此，即使班级没有对学生行为作出具体的要求，也不意味着学生行为系统规则的缺失。只不过班级作为学校最基本的行政化组织，作为学生最主要的群体生活组织，理应成为落实学生规则意识和行为培养的主阵地。

同时，班规属于具体化的班级行为规约，是对学生行为标准的具体化要求。班规所要追求的行为秩序与上述几个层面的内容有异曲同工之处，所以，不一定每个班级都需要文本化的班规。如：对于低年级学生来说，班主任借助行为习惯养成就完成了班规的职能；对于生源质量比较好、学生素质比较高、教师育人能力强的班级，借助社会、家庭规则系统以及教师高超的教育影响力也能实现对学生规则的培养，也未必需要文本化的班规。

学生在班集体中学习和生活，教师会通过各种途径对学生进行显性和隐性的教育。在显性教育方面，班主任会进行班名、班训、班级标识文化等建设，还会组织大量的集体活动，在集体活动中对学生进行规则意识的培养，也会在各个学科教学中渗透规则意识的教育。在这些活动中，班集体会形成正确的集体舆论，会确立集体共同的奋斗目标，这些积极的目标和氛围都会带动学生形成良好的行为秩序。在隐性教育方面，教师自身的榜样示范、教师与学生的日常沟通和交流等，都是对学生潜移默化的教育。因此，在多因素、多系统运作的班级中，不仅仅是班规在发挥制度育人的作用。

但对于大部分班级来说，班规还是非常重要的一种班级管理载体。尤其对于新建班级或者年轻班主任来说，明确的班规有助于学生形成比较清晰的规则体系，也是班主任管理班级的有形载体。

（二）班规内容需要穷尽学生可能出现的违纪行为吗

学生的纪律问题是班级有效教学的前提，也是班主任接班后首先要面临的问题。尤其是当前学生成长环境多元化、信息网络发达、学生价值观多元等更给班主任进行班级管理带来诸多挑战。班规的使命就是给学生定下要遵守的规矩，但教师也发现并不是有了规矩，学生就能执行，学生规矩的形成并不是一个简单的过程，而是学生与外部环境复杂互动的过程。并且，学生行为是多样的，每个学生在不同场景中会出现不同的行为状况，难道这些都要在班规中提及吗？班规内容有无边界呢？

首先，班规是不可能穷尽学生的错误行为的，这不仅是因为学生行为本身的多样性，也因为教师不可能预见学生可能出现的所有问题行为。

其次，用穷尽的思维制定班规，会适得其反。如：班规没有对迟到做出限制，那么，学生天天迟到，老师也不能批评学生，因为学生并没有违反班规。下面这位老师就进入了这样的思维困境。

班规实行没两天，就暴露了各种问题，如：有的学生完成作业了，可是质量不高，正确率很低，这是我们之前制定班规时没有想到的；还有的学生忘带饭钱耽误了全班整体上交饭钱的时间，这是需要在班规里进行具体补充的。因此，我们又制定了班规的增补版，除了要求遵守学校规范之外，这次我们更多考虑要提升学生自我管理能力的方面，而且比之前的内容更细致、更合理，如：作业完成不能加分，完成质量好受到学科老师表扬才可以加分；相反，虽然完成了作业，可是学科老师反映作业完成质量不高，正确率不高的同学也要扣分。

如果班主任用这种思维方式带班，只会把自己的班级带进“死胡同”，让学生变得越来越功利，越来越会钻班规的空子。学生感觉永远被控制、被监控，为了达到成人制定的标准而完成指定的行为，迷失发展的方向、失去发展的动力。“依附的人”“依附的班级”永远不可能积极向上、充满活力和动力。

因此，我们要关注学生在不同阶段容易出现的问题，但不要拘泥于个人问题、偶尔出现的问题，而要罗列出公共问题、聚焦于素养的问题，同时结合班级文化，在正确的价值观引领下让学生用正向行为克制负向行为。

同时，多与少、强与弱之间也是辩证关系。如果把纪律看作是维持秩序的手段，认为规则越密集、越配套，个人行为的限制越多，就越有秩序，那么，班规内容必然多，但由于规则过多，难于执行，学生又缺乏维护这种秩序的内在动力，其结果很可能“强序”不强；如果把规则看作是排除个人在集体中正常生活、学习及个人行动自由的障碍，行为规范也就不宜太多，由有限的规范约束而形成的秩序，是为“弱序”，即较为宽松的秩序，而由于规范有限，容易执行，并受舆论监督，故“弱序”不见得真弱。[①]

（三）班规内容要做到绝对可观察、可评测吗

对于班规的简与繁、是否可观可测，人们都进行过一系列的讨论。如：对于简与繁的问题，有的教师习惯于简单，有2～3条班规即可；有的教师习惯于细化，往往会

---

① 陈桂生. 话说“班规”［J］. 江苏教育研究，2011（4）：10-12.

有几十条班规；有的教师习惯于适中，认为7~8条为宜，学生容易记住与执行；也有的教师采取分阶段、分条目实施以便把烦琐的班规简单化。之所以每个教师的倾向不同，是因为班情不同、教师的经验不同，因此，班规并不存在绝对的简与繁。

那么，班规是否一定要可观察、可测评呢？按照前面的论述，从班规内容应包含序、情、家、德的四要素，我们也能得出“不一定”的结论。对于低学段的班级、学生行为习惯差异大且不好的班级，班规内容可观察、可测评可能会有助于学生修正自己的行为；但对于中高学段的班级，学生基本的价值观已经建立，且已经有多年的班集体生活经验，也未必每个班规内容都需要可观察、可测评，相反，充满正向激励的引领性班规更会激发学生的“斗志”。

案 例

高一某班级的班规

1. 预备铃响后，立即进入教室，将本节课所用的书本和文具放在课桌上。

2. 如遇上课迟到，进教室前，要喊“报告”，经老师允许后方可进入教室。

3. 上课时坐姿端正，不脱鞋，不戴帽子，上体育课必须穿运动服、运动鞋。

4. 在校上课或参加集体活动时不迟到早退，如有特殊事情需向老师请假。

5. 正常教学期间，如有事外出或看病，要向班主任和任课教师请假。

6. 发扬尊师重教的优良传统，见到教职员工主动问好。

7. 早读前将作业本交给课代表，课代表上课前将作业本收齐交到老师办公室。

8. 眼保健操结束后立即离开教室，迅速到操场集合，做到快、静、齐。

9. 课间休息时，在教室、楼道内慢步轻声靠右行，不追跑打闹，不大声喧哗。

10. 在食堂就餐时，应有秩序地进入食堂，买饭时应自觉排队，饭后自觉将餐具送到回收处。

11. 下午放学后，按规定时间离校，不得在学校逗留，值日生认真做好值日工作。

12. 学生在校期间一律穿校服，不可化妆、佩戴饰物、留长指甲。

13. 爱护校园里的花草树木，不践踏草坪。

14. 爱护校园里的各种公共设施，保持公共设施干净整洁。如有破坏公共设施者，照价赔偿，并上交一篇检讨。

15. 在食堂用餐后，可在操场上做适当的体育活动，午自习铃声响时，立即进入教室。

16. 班级是我们每个人的家，请值日的学生认真做好清洁工作。

17. 凡班委都有权管理本班同学，不听劝告者上报班委会讨论处理，并追加检讨一篇。

18. 上课、上自习时请勿交谈，勿玩手机等电子设备，勿传字条及抄作业。

以上班规做到了细致、可操作，但过度的细化、量化反而会导致学生的厌烦，也会由于过度烦琐而影响学生的执行力度，显性的班规反而会流于形式。因此，班规内容的本质不在于外在形式，而在于班主任对班规本质属性的理解；班规外在形式很重要，但没有内涵的班规，其形式再好也没有意义。

另外，班主任要认识到班规不是万能的，确定班规并不能发挥立竿见影的效果，班规仅仅是班级文化建设的载体之一，如果不把建立班规放在班级文化建设的视野下，那么，班规实施过程中会出现适得其反的效果。如：如果班主任把班规作为一种强迫式约束，那么，学生反而会把班规作为逃避责任、选择犯错的漏洞，因为“班规”里面没有规定，而班规不可能全面地预测学生可能出现的所有问题；出现班规形同虚设的现象，班规不能发挥对学生的制约和引领作用。

（四）关注游离于班规外的“特殊”学生

有些学生不用这些评价也能做得特别好，而有些学生即使有了班规的约束，也会不断犯错误，对这些“特殊”的学生，班规就显得“没有力量”。

对待这些学生，是用常规班规去衡量，还是单独采取一些措施呢？其实，结合上文对班规内容等的分析，我们也能对这个问题有所理解。培养学生的规则意识，必须将其放在整个集体建设中来理解和实施，好的班级氛围、良好的师生关系、教师潜移默化的价值渗透、教师以德示范等都影响班规的有效实施。对于一些“特殊”学生来讲，教师更要将学生发展放在整体的班级建设中来理解。

量化管理即把学生在校一日生活按照学习、纪律、卫生、品德等方面条目化并借助加减分的方式对学生实施管理。量化管理看似对学生的成长进行了精确化把控，并提高了班级管理效率，但过度依赖量化管理会使班主任忽视学生的心灵成长，尤其对得分“困难户”来说更是弊大于利。

作为班主任，我们不仅要从管理学的视角看到量化管理给班级带来的整齐、有序，给班主任工作带来的省时省力；更要从教育学、人本主义的视角看到制度背后活生生的个体，看到每个学生的心理需求、成长需求，以及他们希望在班级生活里获得的安全感、被尊重感和信任感，进而借助量化管理以及系列班级制度，让学生感受制度所传递出的尊重、公平、关心等价值观。因此，班主任永远不要期待一张制度表、一张评分表就能解决班级管理问题，学生的心灵、情感永远是班级健康发展的源泉，而这需要班主任对每个学生的关心和支持。

对于“困难户”来说，行为习惯的养成以及纪律意识的培养不是一朝一夕就能够完成的，在这个过程中，学生出现反复是很正常的，所以，一方面班主任要有耐心和爱心，另一方面要不断出“新招”激励他们，使他们在不断得到正强化中改变对自我的消极认知。

案　例

规约的是行为，激活的是心灵

一、特别关注，防止分化

每个班级里都会有几个“困难户”，这些学生由于行为习惯以及纪律不好，往往在量化管理评比中处于下风，久而久之，不仅使其自信心受挫，还会使其他学生对他们形成偏见，进而影响同伴关系，严重的话还会影响班风建设。同时，班主任可能会发现，量化管理最希望解决“困难户”，但实际效果却是最差的。

我四年级刚接班时，班里学生小李三门课程都不及格，纪律差，几乎每节课后都有老师来告状，同学也烦他，他总是把招惹人当作取乐的手段，跟同学打闹，时常骂脏话，经常因为各种问题被扣分，所以分小组时大家不愿意跟他一组。

刚开始的时候，为了鼓励他，我特意放宽了一些奖惩制度。如：只要他完成一门作业，别人奖励1分奖票，我奖励他3分奖票。如果这一堂课没有因为纪律问题给全班扣分，我奖励他5分奖票。为了避免老师硬性指派班干部对他进行管理与帮扶造成他不接受、不高兴的逆反心理，我与他商量，让他来选择他喜欢的、佩服的班干部进行帮扶，组成帮扶小组，共同进行监督提醒。我认为，这样就应该是一个万全之策了，期待着他的转变，但是没想到没两天，班干部就来哭诉说，小李不听话，上课做鬼脸，提醒也不听，班干部吓唬他再说话就把他说话的次数统计下来，当证据报告给班主任，谁知小李骂班干部，与班干部故意作对，下课班干部追他回去补作业改错，他就到处跑，快抓到他时，他就用口水吐人家，气得两个班干部想退出。

我开始反思我制定的量化管理是否合理，是否真正满足了学生尤其是这些“困难户”的成长需求？我是真正站在学生的角度，尊重了学生的需求，还是自我感觉良好而已？从学生的角度来讲，不同的生活背景和社会环境造成了他们有不同的心理需求，统一的量化管理并不能实现对学生主体地位和精神成长的关照。

二、情感连接，激发活力

机会终于来了，中关村第三小学有独特的“班组群”空间文化，四、五、六年级为一个大家庭，经常一起开展活动。为了丰富学生的在校生活，学校提倡每周有两天中午“群组”自由活动。三个年级的学生一起活动，使学生的交往沟通、活动展示的空间更大，自由度更高，选择面更广阔，机会也就更多了。

作为班主任，我想这是好事，给学生自由是对他们最好的奖励。校长倡导“心自由，形同矩”。为了让学生健康、有序地开展好中午“群组”自由活动，我鼓励学生根据自己的兴趣特长，跨年龄、跨性别、跨班级来组建自己的社团进行活动。当学生听到这个消息时十分兴奋，都积极自由组成社团来我这里报备，三个人一群，五个人一伙。不久，社团都各自成立了，学生都兴奋地谈论着社团活动的计划。

但只有小李一个人孤零零地低着头，躲在教室一个角落，用羡慕的眼神看着大家。此时，那个让我头疼的“淘气鬼”形象荡然无存，在我眼前的只是一个形单影只的可怜孩子。我轻轻地走到他身边的座位上，坐下来跟他聊天。他抬起头真诚地望着我，一本正经又略有小骄傲地对我说：“袁老师，您知道吗？我学过武术，我的‘五虎棍’都练了一年了，打得可好了。您要想学，我可以教给您，防身用。”小李可从来没有这样安静坐下来一本正经地说过话。我真想抱抱眼前的这个小可怜。

作为班主任的我完全能够理解小李这话背后的意思，深深感受到他内心的那份孤独。通过聊天，我了解到他顽劣的原因是得不到大家的尊重、不被大家信任。导致这个结果，有小李自身的因素，更有班级评价制度存在缺陷的因素。

我想自己一定要抓住这次机会来改变小李。我真心地羡慕并夸赞道：“你原来这么有本事？那你为什么不组建一个武术团呢？”谈到这儿，我能看出来他有些心动了，这是真正触动他内心的一种力量，一个改变他的机会。我建议道：“你来当团长，教大家武术，我相信你的本领，更相信你的能力，你的社团独树一帜，肯定受欢迎。”他失望地摇摇头说：“老师，您别安慰我了，我学习差，纪律不好，大家都不喜欢我……算了吧！”

我鼓励小李说：“我第一个报名参加你这个社团，由我做你的成员，你还怕招不上人吗？如果咱们班没什么人报名，还有咱们群呢？肯定有好多同学喜欢武术，尽显少年的朝气蓬勃。”听到这里，我看到他的眼睛里重新燃起了希望和热情，他高兴地说：“您真的相信我？当上团长，那我也可以领导别人了！”就这样，在我的带动下，小李的社团成立了，不仅本班同学积极参加，还招募了其他年级的同学，小李别提有多神气了。

社团的成立是改变小李的第一步，作为团长，他要召集社团成员，还要与成员一起制定规则；他要以身示范，努力做出团长的样子。他信心满满，因为有班主任我这样一个成员始终陪伴。

三、定做制度，以长补短

通过社团活动，小李与我以及同学之间逐渐建立了情感连接。借助社团活动，他自身也认识到规则对于每个人以及集体的重要性。这样，小李对遵规守序已经有了充分的思想基础和认知基础，他的内在成长需求开始与外在生活秩序寻求统一。

在这个关键阶段，我需要帮助他建立相应的行为秩序。于是，一段时间后，我与小李聊天，先称赞他社团带得不错，赢得了同学的认可，接着我趁热打铁，语重心长地说道："身为一团之长，那怎么样去做才能进一步树立威信，带好你的社团呢？"他为难地说："袁老师，我其实也知道怎么去做，但有时候控制不住自己，怎么办？"看到小李积极的表态后，我提议共同为他量身打造一个自我约束制度——我和小李两人之间的君子约定。约定内容如下：

1. 作为一团之长，要起模范作用，争取按时交作业。每月有3次机会改正，如果超过3次，社团团长停练一次。

2. 有错及时改，找老师问，找同学讲，今日事今日毕。

3. 上课，允许被提醒3次，尽量遵守纪律不打闹。

4. 当团长教武术的时候要耐心，不许骂人，不许带脏字。

由于这个约定在小李力所能及的范围内，小李欣然接受了，并且保证不让老师和同学失望。我想，他不是不需要朋友，不是不渴望得到大家的认可，不是不对班级制度无动于衷，而是由于僵化的制度给他带来了负面评价和消极暗示。

自从当了团长并且有了君子约定后，他的作业完成情况和课堂纪律情况有了很大的进步，也能够文明礼貌地与同学交往。后来的课堂上，同学的告状少了，老师的表扬多了。其他班干部也纷纷伸出援助之手，下课、放学都帮助他，给他讲题、帮助他记作业，不再冷落他。

四、扩大效应，不断强化

为了巩固教育的成果，我主动与他改进奖励机制，一个月表现不错，给他一次班组群展示的机会；如果坚持两个月，我就联系德育主任让他带领团队在其他班组群进行巡回展示；如果坚持三个月表现良好就跟学校领导申请利用学校升旗仪式的时间给他展示团队的机会，以这种方式鼓励他、奖励他。

当他一步一步做到了，我也一次一次帮小李落实了。当他带领社团给大家展示"五虎棍"时，我及时给他录像，在班级微信群发视频，宣传他，以此表彰他，让这种靠自己努力换来的荣誉和奖励得到升华。很多家长点赞！

这种方式帮助小李树立了信心，他也不断给自己打气，“成为最好的自己”变成了他发展的内在动力源。他的家长也多次激动地打电话来表示感谢！

看到学生的进步，顿时感觉自己的累和苦都值了。对学生的尊重就是给予他成长的沃土，对学生的信任就是利于他成长的阳光，对学生的真诚关爱就是滋润他的雨露。

班主任在理解和运用量化管理时，不要把其变成僵化的评价、冰冷的分数、干瘪的管理条目，而要看到其服务人、发展人的根本属性，看到其背后生动活泼、情感丰富、个性不一的学生个体。

（摘编自袁英《量化管理要关注学生心灵成长》，载于《班主任》）

上面案例也提示我们，在制定班规时，班主任在考虑集体、公共需要的同时，还应关注个体的发展需求，因为教育的最终目的是促进每个个体的健康成长。

马克思认为：“人本身就是人的最高本质。”人类社会活动的最好价值是发挥人的价值，让人成为真正的人，因此，学校教育在一定意义上促进了每个人的个性发展，丰富了每个个体的才智、情感和价值感，激活了每个个体的生命力和主体性。因此，班规作为一项制度，本身也是学生日常最重要的一种生活方式，对学生的认知发展、思想情感、价值观等都会产生潜移默化的影响，班规在把握全体学生公共需要的同时，要关注个体的个别需求。

第一，在制定班规的过程中，要考虑个体的差异性，这里的差异性包括先天生物性差异和后天环境差异。当班主任在制定“提前10分钟到校”的班规时，一定要考虑离家远的学生；当班主任制定“上课不插话、安静倾听”的班规时，一定要考虑先天身体发育迟缓或存在问题的学生。

第二，班规要关注个体的发展性。学生在一定时期内的发展是相对稳定的，表现出的需要解决的问题也具有一定的稳定性，但随着学生的发展，学生社会性成长表现出不同的状态，学生对班规的认知层面、遵守层面以及价值认同层面都会出现变化，这个时候，班规就一定要基于学生个性发展需求而变化。如：在小学低学段，班规一般由班主任制定，从小学中高学段开始，开始尝试班规由学生自主制定；在小学低学段，班规越具体越具有指导性和执行性，但到了中高学段，价值引领性班规更加适应学生发展需求。

第四章

班规落地的路径

好教育应当给学生一种技能，使他可以贡献社会。换言之，好教育是养成学生技能的教育，使学生可以独立生活。

——陶行知

虽然每个班级都会有班规，但要让班规落地是有一定难度的。很多班级的班规形同虚设，对学生以及班级建设并没有发挥应有的作用。有时候，班主任认为班规制定得非常完美，但实际上学生内心并不认同；有时候，虽然经历了制定班规的一系列过程，班规内容也贴合实际，但由于不注重后期的落实，导致前功尽弃。班规作为外在的规则系统，既需要教师把这些规范教给学生，又需要调动学生积极性，得到学生的主观认同，激发学生主动遵守规范的意愿；规范的学习既离不开教师的引导，也离不开学生的主动践行。班主任只有调动各个因素，与班级建设结合起来，才能使班规的落地既有显性规划的引领，又能潜移默化、“无声无形”地落地。

一、直接学习：由外而内熏陶

教，上所施，下所效也；化，教行于上，化成于下也；教化，通过上行而化成以下，强调通过外部环境来影响个体。在制定班规后，班主任也要通过种种教化途径不断强化班规的存在，让学生在生活中不断运用班规，最终把规则内化为习惯。

（一）通过直接强化学习

1．清晰地告诉学生班规内容

制度是意图对人的行为产生规范影响的规则，规则即大家共同制定并认可的条例和章程。反映在班级中，班规落实在学生行动上是什么样态，这是必须要让学生清晰的。只有这样，学生才知道怎样的行为表现是符合班级制度要求的，怎样的行为表现是不符合班级制度要求的，尤其对于低年级学生来讲更是如此。因此，班规对学生产生影响的首要载体是明确的行为要求。这个观点我们在上一章已经有所提及，虽然班级在对学生提出行为要求时，每个班级形式不同、路径不同、内容不同，但班规一定是指向学生行为要求的。

所以，在经历制定班规的过程后，不管班规条目是多还是少、是公约式的还是场景式的，都要向学生明确班规的最终内容，在学生心中留下强烈的印象，利用首因效应强化学生的纪律意识以及遵规守纪的意识。

2. 将班规张贴在教室显眼位置

视觉强化也是一种非常好的教育方式，就像路边的标语一样，让人随时看到，不仅能够得到行为上的正面强化，还能给人带来心理正能量以及帮助人们时刻反思自己的行为。把制定好的班规张贴在教室显眼位置，可以起到“造势”、提醒作用，也是班风建设的重要载体。为了发挥好作用，建议班规内容要简明扼要、朗朗上口，字要大，形式设计醒目。

有的班规是分项式班规，也可以采用不同区域张贴的方式来进行。

团队合作规则	课堂规则	作业规则
1. 明确任务。	1. 安静倾听。	1. 认真写。
2. 明确分工。	2. 积极答问。	2. 按时交。
3. 管理时间。	3. 会记笔记。	3. 即时改。
4. 精诚合作。	4. 认真思考。	
5. 拒绝分心。		

3. 在情境中不断练习强化

规则还原到班级生活中都是具有情境性的。在教师与学生一起讨论制定规则的时候，学生一般是基于《中小学生守则》、校规校纪以及自身日常生活经验提出意见建议的，是从抽象到抽象的过程，是先定性的规则；但还原到学生日常学习生活中时，他们的学习生活又是多元的、个性化的，具有各种情境性，原则性的班规并不能概括不同的生活场景，同时，借助生活场景也能让学生理解班规的丰富教育意义。因此，让学生在多元的情境中理解规则也很重要。

比如：对于低年级学生来讲，班主任经常会用一些歌谣的方式强化学生课堂纪律。“上课时，要做到，眼看前，身坐正，手交叉，脚放平，想发言，先举手，老师请你再开口。”学生就是在诵读歌谣的过程中调整自己的行为。

再比如：当有学生违反了相关规则时，班主任要求学生从班规中找出自己违反的内容，通过朗读、解释、反思等环节强化学生对班规的认知。

回到情境中认识班规，其目的不仅是强化学生对班规的记忆，而且要借助情境帮助学生理解班规中包含的情感、道德、人性等丰富的内涵，而后者更有利于学生对班规的内化认同和遵守。对于班主任来说，不仅要把班规作为单一的制度来实施，而且要把班规放在班级文化、班级精神、班级情感建设等立体的层面来实施，借助班规让学生认识到班主任是站在人的成长的视角来帮助每一位学生。对于学生来说，在情境中理解班规，可以丰富学生的情感世界和价值观世界，进而用丰富的情感和精神世界来建构规则世界。

陶行知先生“四颗糖”的案例能给我们一些启示。

案 例

在陶行知先生任育才学校校长时，有一次，他发现一个男同学拾起一块泥块想砸向另一个同学，他及时制止了，并让这个男同学下午放学后来校长室一趟。正当男同学战战兢兢地准备挨训时，陶行知却掏出了一颗糖果送给他：“这是奖给你的，因为你按时来了，而我——却迟到了。”男同学惊疑地接过。陶行知随后又掏出一颗糖果放到他手里，说：“这也是奖给你的，因为当我叫你别打时，你立即停止了，这说明你很尊重我，我应该奖励你。”男同学更惊疑了，不禁睁大了眼睛。可是接下来，陶行知又掏出第三颗糖果塞到男同学手里，说：“我调查过了，你用泥块砸那些男生，是因为他们不守游戏规则，欺负女生。你砸他们，说明你正直善良，有跟坏事做斗争的勇气，应该奖励呀！”男同学在又一次惊疑之余感动得流了泪，后悔地说：“陶……陶校长，你……你打我几下吧！我……我错了，我砸的不是坏人，而是我的同学啊！”陶行知满意地笑了，随即掏出第四颗糖果递过去，说出让男同学更加惊疑的话：“为你正确地认识错误，再奖你一块，可惜只剩这一块了，我看我们的谈话也就到此为止吧！你可以回去了。”

陶行知先生在处理学生“砸同学”这个事件中，不是仅用“不能欺负同学”的规则来对学生做简单的处理，而是借助对学生系列行为的分析让学生理解守时、尊重、正义等一个人重要的品质。

案 例

班级里有几位顽皮的学生特别喜欢打篮球，达到疯狂的程度。为了满足自己的打篮球欲望，甚至严重违反校纪班规，居然出现了这样的“事件”——上午第二节艺术课，张同学跟艺术老师请假说：“英语老师叫×××等6人去办公室订正作业。”（注：艺术专用教室离教学楼较远，需穿过操场。）结果呢，他们来到操场，由徐同学拿着自己带到学校的篮球，等着一起打篮球。当时，操场上也有班级在上体育课，别人一时也不会发现什么，正巧被有事去操场的我发现了。人赃俱获，我把他们带到办公室。我说："以前你们不分时段地打篮球，作业没有完成照样打，午休时间也在打，严重影响了学习，因此，我无奈之下，才在班级中把你们自己带来的篮球'没收'了，还说以后禁止打篮球，想不到你们居然喜欢到如此的程度，用逃课的办法来'发泄'打篮球的欲望。既然如此，这样吧，你们把球放在我办公室，每天你们把作为学生学的'正业'完成后，到我办公室来拿篮球，我跟你们一起去打，怎么样？"对于我的一反常态，他们吃不透，个个低着头，离开了我的办公室。这天晚饭后，果真有位学生来向我要篮球，并且邀请我一起去打篮球，我呢，也去了，他们乐着，放大胆子打着。之后每周有好几次"互动"着打球。他们也似乎特别听话，如果我没有空，也不会擅自去打了。

（摘编自胡阿生、范亚玲《教育，要多设计些让学生向善的"惊疑"》，载于《教书育人》）

4. 借助工具让学生认识规则

规则来源于生活，但一旦制定成规则，其不可避免就会变得抽象、枯燥，如何让学生理解规则并发自内心地认可和遵守规则呢？这需要教师借助一些载体来帮助学生更好地认识和理解规则，让学生感受规则给人带来的美好。

有的低年级班主任借助绘本来告诉学生应该怎么做。通过《有你真好》《我有友情要出租》《石头汤》《不是我的错》《不要告状，除非是大事》，让学生知道交友的规则：相互理解和接纳、学会分享、不推卸责任、遇事冷静思考等。

有的班主任借助阅读等方式培养学生的积极价值观。引导学生阅读《羊皮卷》《羊皮卷智慧全集》等励志类书籍，阅读《毛泽东传》《邓小平传》《周恩来传》《钱学森画传》《斯蒂芬·霍金传》《世界名人非常之路·从玩甲虫的孩子到博物学家：达尔文》《榜样的力量：比尔·盖茨》等名人传记类书籍，阅读《颜氏家训》《曾国藩家训》《朱子家训》《傅雷家书》等家庭教育类书籍，阅读《世界上下五千年》《中华上下五千年》《资治通鉴》《三国志》等历史类书籍。

有的班主任借助电影等载体对学生进行价值观教育，利用校园午间、班会、课后活动以及周末等时间，通过看电影、分享电影等方式讨论人性美丑。

以上四种方法侧重于直接强化，即借助工具让学生熟悉规则、认识规则进而内化规则。

（二）借用集体力量强化学习

1. 量化评比

把班规转化为量化评比表，也是不断强化学生对班规认知的一种可选办法。尤其是将班规与学生日常行为习惯结合紧密的话，借助量化评比表，可以帮助学生不断强化好的行为习惯，强化学生对班规的认识和落实。

量化评比虽然评比的是每个人，但通过评比的方法可以把不同的个体进行连接。学生在评比中不仅可以关注自己的等级，而且可以关注他人的等级以及自己在整个群体中的等级状况，借助荣誉感、集体意识来主动调适自己的行为。

所以，大部分班主任会采用量化评比的方法，但量化评比有其自身的缺点，因此，班主任可以使用但不要过度依赖。

序号	评价项目	评价分值／分	评价人
1	迟到	1	考勤委员
2	不按时交作业	1	各科课代表
3	课堂因纪律问题被老师批评	1	各科课代表
4	着装不整	1	生活委员
5	损坏公物	1	生活委员
6	对他人不礼貌	1	纪律委员
7	干部玩忽职守，产生失误	1	班主任
8	不做值日	1	卫生委员
9	地面、小柜、抽屉不整洁	1	生活委员

案 例

六年级学生针对班级主要问题制定班规如下：

课前准备不能少，铃声响后静坐好；

专心听讲勤动脑，作业工整按时交；

室内室外不追跑，小声交谈不乱吵；

花绳一定要跳好，课外读物不能少；

放学路队要站好，分饭安静不争抢；

穿戴整洁勤洗澡，教室卫生勤打扫；

同学之间不嘲笑，对人真诚有礼貌。

整理出班规后，选举小干部，本班共12个职位，需选举24人，每两人一个职位，做到互相监督，以免出现独裁的现象，职位有班长、学习委员、宣传委员、组织委员、纪律委员、生活委员、体育委员、卫生委员、多媒体负责人、午间纪律委员、广播操检查员、早读检查员。为了避免出现分工安排不细致的情况，全班熟记班规，明确每个职位负责检查什么，各司其职，树立威信。为了班规的有效性，班级实行小组制度，24人分为4组，每组6人，每个人也有自己在小组中的职务：组长、作业检查员、卫生检查员、纪律检查员、午餐检查员、学具检查员，将班规实施监督责任分配到小组中，这样下来，班规的监督不仅仅是班干部的责任，各小组也要共同参与，以免出现监督不到位的现象，确保公平和严谨。

我们还设计了班级名称及目标、小组名称及目标，设置了小星星征集榜、冠军评比榜、冠军简报、颁奖典礼等来辅助班规的实施。实行小组制度后，针对“无所谓”的学生，我们还设定了小组争星活动，一周下来有周冠军、一月下来有月冠军，利用学生喜欢的抽奖形式进行抽奖奖励，那么争星最少的小组就证明为班级争到的荣誉最少，就需要为班级做更多的服务，下周值日由争星最少的小组负责。

以小组的名义践行班规，学生更有责任心，即使自己无所谓，他也得在乎小组的荣誉。当然，班规的监督不能只靠班主任一个人，每个小干部都有加星和减星的权利。如果班主任在，需要告诉班主任和减星的同学；如果班主任不在，要告诉班长和减星的同学，以帮助班主任和班长掌握班级管理中的问题，也可以让减星的同学知道自己的问题，及时改正。

（北京市朝阳区十八里店小学　马聪聪）

2. 榜样示范和仪式教育

榜样示范，即教师找出符合规则宗旨的学生，通过教师宣传等方式为学生树立学习的榜样，进而通过鲜活的学生个体来告诉全体学生班级的规则样态。如：通过在教室里张贴榜样人物事迹、每学期评选榜样人物等方式帮助学生强化班规认知。教师要多鼓励学生发现身边的榜样以及教师自身做榜样，这些都可以给学生正面、积极向上的行为引领。

仪式教育也是班主任可选的一种方式，每月、每学期选定一个日子或班级值得庆祝的日子作为学生“走红地毯”的日子，主题可以围绕班规内容进行选择。有的班级侧重对学生行为的基本要求或底线要求，但反过来思考，对学生的表彰可以是引领美好品质的班规内容。如：针对“不说脏话”的班规内容，班主任可以设置一个“语言美”的奖项；针对“不欺负同学”的班规内容，班主任可以设置一个“班级开心果”的奖项；针对“互相帮助”的班规内容，班主任可以设置一个“班级暖宝宝”的奖项。

榜样示范、仪式教育蕴含着丰富的德育功能，榜样、仪式因其庄严、神圣、高尚等特征有效促进学生价值观的形成，也会激发学生“集体趋同”的本能，进而激励学生做得更好。

以上两种方式都利用了班集体对个体的积极引导、行为矫正等作用。平行教育理论、团体动力学、观察学习理论、社会学习理论等都阐述了集体、群体对个体成长的积极作用。在帮助学生养成规则意识和能力的过程中，班主任也要善于发挥集体的教育意义和作用。

（三）借助能力提升强化学习

1. 唤醒学生的人文情怀

人是有情感的动物，当一个人对外界乃至对亲朋好友都毫无情感的时候，就谈不上任何规则的遵守了。当学生能够主动遵守规则并把遵守规则当作一件美好事情的时候，一定是有积极、美好的情感做基础的。一方面，学生能够体谅他人情绪，具有站在他人角度体谅他人情绪的能力，能够想到如果自己触犯一些规则，会引发他人的消极情绪，如：我迟到了，老师会不高兴，也是我不尊重老师的一种表现；另一方面，学生具有移情能力，能够与他人共享喜、怒、哀、乐，会因为带给他人快乐而使自己更加快乐。

因此，借助班集体培养学生积极的情感也是提升学生规则意识和能力的方法。师生情感也是规则教育的润滑剂，好的师生关系可以帮助学生更好地遵守和热爱规则。教师要创造一个良好的教育氛围和道德氛围，让学生感受教师的期望以及积极的育人氛围，感受师生之间、生生之间彼此的尊重和合作，进而激发学生的道德良善，产生利他主义的思想。而在对学生开展规则教育的过程中，教师自身的教育艺术、技巧以及情感传递是对学生很好的教育。

如：当学生表现出遵守规则、好的行为时，教师的评价方式很重要，教师应该从关注学生遵守规则的行为提升到引导学生关注行为背后的人性价值。如：有的教师用感谢代替表扬。因为教师表扬往往关注的是学生行为，是因为学生做了符合公众利益的事情，同时，表扬带有教师自上而下的权威形象，学生会因为获得教师的认可而去做好事。感谢关注的是价值。如：感谢×××帮助了同学，感谢同学们保持了好的卫生，为大家创设了好的学习环境。教师用感谢表达了师生之间平等的关怀，把师生看作在集体中共同生活的“一家人”，向学生传递出双向的情感，同时用感谢展现学生良好行为背后积极的价值观，用人性魅力、人与人之间的关怀滋润学生心灵。这也是唤醒学生人文情怀的一种方法。

有的教师会采用谈话的方式来进行班级管理。学生是有情感的人，他们希望得到教师的关心、爱护和支持，教师的爱给予他们遵循规则的动力，尤其对于高年级学生来讲，他们已有一些基本的行为规范意识和能力，是否能够在群体生活中遵守制度取决于他们是否认同群体生活以及在群体生活中是否有存在感。因此，教师与学生经常谈心，就能赢得人心。所谓赢得人心，从另一个角度讲，是让学生发自内心地想成为一个好学生。

2. 提高学生的社会技能

规则是调节人与人关系的工具，是否能用好规则、内化规则，最终还是要回归到人本身。在推动学生内化规则的过程中，培养学生对话与分享、倾听与共情、合作与协商、化解矛盾、换位思考等技能是很重要的。一方面，培养学生的这些技能，可以让他们自主去解决一些问题，而不是所有问题都由班主任出面来处理；另一方面，这些技能的培养可以助推学生很好地理解和内化规则。

如：就倾听技能来讲，在制定规则的时候，学生要在互相讨论的过程中彼此倾听，倾听他人是如何理解每一条规则的，倾听每一条规则对于集体生活的意义；当有学生违反规则的时候，学生要学会倾听当事人是如何想的、心理感受是什么，要倾听大家如何解决违反规则的问题。倾听就是彼此接纳和尊重的过程，这样，规则就不是简单的、静态的条文，而是变得灵动、鲜活起来，潜移默化地影响学生对规则的内化。

再如：就化解矛盾的技能来讲，学生在交往过程中一定会有矛盾，集体生活的价值也就是给学生创造了与不同个性、不同特点学生交往的机会，在这个交往过程中，学生认识了人的多样性，体会了情感的多样性，习得了不同的交往技能。当面对矛盾时，不是仅用班规作为评判依据，而是要让学生自己学会去解决矛盾。解决矛盾的方法可以是各自冷静10分钟、一起寻求帮助、各自解决问题、角色互换重新体验一遍。学生习得的社会技能越多，他们就越能与同学相互尊重地共事，就越能发自内心地遵守规则，体会规则为每个人的生活带来的好处。

案　例

把行为问题转化为技能学习

新学期，我接了一个六年级的班，学生活泼有余而沉稳不足：无论是上课、课间、用餐还是午休时间，他们都是想说什么就说什么，从来不等教师允许就开始说话，而且声音很大。这显然是与学校要求和班规严重不符的。但我认为，学生出现这些行为问题，主要是由于他们缺乏一些技能。为此，我希望通过带领他们学习“安静”技能，来避免违规行为的出现。

我与学生一起讨论如何通过技能学习让班级成为“最棒班集体”。如：同学上课乱说话、随意插话、接下茬都是“不能安静”的表现，所以大家需要学习“安静”技能。

我通过以下步骤带领学生进行“安静”技能的学习。

第一步：了解好处

学生分组讨论后，班长总结：“当前我们班最突出的问题就是很多人经常在别人讲话的时候打断别人，上课回答问题时，别人还在思考中，他早把答案说出来了，这些问题令同学和老师都觉得烦人。我们认为，学习‘安静’技能对我们班和我们每个人都有好处。可以让任课老师对我们刮目相看，可以让本班同学能在一个相对安静的环境中学习，我们会交到更多的好朋友，也不会因为班级太嘈杂而被值周生扣分……”同学们都纷纷点头称是。

第二步：起名字

为了让“安静”技能深入人心，我引导学生给“安静”技能起名字。学生提出了几个名词，但没有达成共识。我跟学生说：“我看过一个案例中，曾提到过这个技能，案例中的小女孩给这个技能起名叫‘等待铃声’，意思是当我们打电话遇到系统繁忙时，通常会听到电话系统送回的轻松的音乐，这会让人能够很平静地等待别人来接听电话。我们就给这个技能起名叫‘等待铃声’吧。”学生表示同意。

第三步：魔法宝贝

接下来，我问孩子们需要什么魔法宝贝来支持大家学习这个技能呢？学生不太清楚什么是魔法宝贝。我解释说：“魔法宝贝是一个能够给你们带来额外的力量、支持你们学习技能的卡通人物、动物，或者是想象的一个东西。”很多学生毫不犹豫地选择了他们自己的日记本。我说为什么是日记本呢？学生说因为我们每天都在写日记，如果违反班规了，老师可能就会要求我们写反思，自己就会在随笔本上“吾日三省吾身”了。尽管他们是开玩笑地说出了原因，但看得出他们还是很喜欢写日记的，也喜欢把自己天天用的卡通日记本作为魔法宝贝。

第四步：支持者

“技能的学习不是一件简单的事情，我们还需要支持者。哪些人可以做我们的支持者呢？”

“朱老师！”“王老师！”“同学！”学生们七嘴八舌地说着。

“我很愿意做你们的支持者，相信王老师也会愿意。你们同学之间互为支持者也是很不错的主意。”我看着他们，心里很开心，因为他们已经是六年级的学生，还能对技能学习这么感兴趣，真是很难得。

第五步：庆祝

如果学生都能习得好技能的话，我们应该如何庆祝呢？学生说得最多的就是集体外出野营。于是，我们暂时定下了这个庆祝方式。

第六步：信心

接下来的一周特别关键，这是学生学习的第一周，很多学生一直在克制自己不要随便打断别人讲话。当在课堂上发现平时那些思维敏捷的学生特别想张嘴就说答案，却能一只手捂着嘴，另一只手高高举起的时候，我激动地鼓励到："孩子们，你们真是好样的，这个'等待铃声'技能你们一定可以学会的，咱们一起去野营的日子就快到了！"听到老师的赞许，学生脸上露出了灿烂的笑容。

第七步：练习

要想学成技能，是需要不断练习的。我带着学生一起开展"谈话棒"游戏，即让学生通过做游戏来学习"安静"技能。在这个游戏里有一个"谈话棒"，可以是一支笔，或者是一本书（本子）卷成的"话筒"。所有参与者都要遵守的游戏规则：只有拿到"谈话棒"的人才能讲话。无论是谁，如果想要讲话，首先要得到这个"谈话棒"。于是，学生通过不断实践这个游戏，慢慢学会了耐心地倾听他人讲话、轮到自己再讲话、用适当的手势或表情告诉别人自己有话要说、把想要说的话记在纸上以免轮到自己发言的时候却忘记自己想要说什么的技能。

第八步：处理挫败

学生希望老师以及周边的同伴在他们不小心忘记这个技能的时候，能在他的耳边轻声提及魔法宝贝的名字，或者竖起"谈话棒"，来提醒他正在学习的"安静"技能。

经过一段时间的实践，学生很快就掌握了"安静"技能。在家委会的精心组织下，大家一起庆祝成功学习技能。每个学生都上台介绍自己在练习"安静"技能过程中遇到的困难和最终自己是如何在支持者的帮助下克服困难的。学生们都很激动，他们的下一个目标是把这个技能运用到其他场所，如：在家里跟父母相处时，跟小区的朋友们游戏时，甚至是跟自己的兄弟姐妹在一起交流时。

一个技能的学习完成意味着下一个技能的启动。庆祝会上，我和学生一起讨论要成为"最棒班集体"，我们应该学习"干净"技能了，让每一个学生都能生活在洁净的环境里。

（中国人民大学附属中学实验小学　朱莉）

二、不断内化：由内而外遵从

教育不应是强迫，也不应该演变为强迫，教师应该通过教育艺术让学生认识和了解自己，让学生产生上进心。夸美纽斯在《大教学论》中提出，“没有必要从外部给人注入任何东西，只需要人将自己所固有的蜷缩在内部的东西伸展出来、显现出来，只需要注意每一个个别的成分”[①]。

一个班规是否有意义，不是看它本身的内容有多完美，而是看它在执行过程中是否对相关人员产生积极的影响。同时，一个制度对人教化的成效还在于学生是否内化于心，把班规等班级制度相关要求纳入自身道德结构中，并逐步形成稳定的道德人格。因此，在教师外在教化的同时，也要激发学生主体意识、提升学生善于反思的能力、培养学生利用科学方法分析与解决问题的能力。

（一）认知加工

规则的内化都是学生基于自身经验、自我认知基础来实现的，学生在规则选择、对比的基础上进行加工，塑造自己的规则观。比如，学生对于“不迟到”的规则也有不同的认知：怕被罚而不迟到；怕耽误学习而不迟到；怕影响大家而不迟到。不同理解背后建立的规则，其意义和持续性是不一样的。因此，教师要通过各种方法帮助学生对班规进行认知加工。

如：班主任常借助主题班会的方式让学生分析问题。主题班会是班主任解决学生思想问题的重要途径。班主任往往在班会上把学生出现的一些行为问题、纪律问题拿出来与学生讨论，举行辩论赛、换位访谈等都是激发学生进而帮助学生认知加工的有效手段。

通过认知加工，不仅要让学生了解、认可班级规则本身，还要让学生了解规则背后人类高尚的道德，通过“对话”“自省”等方式使学生受到启发。

（二）情感认同

人们经常讨论德育“倒挂”的问题，小学生规则意识比较强，到中学阶段、大学阶段，学生规则意识逐渐减弱；学生在校内、班级内等有监督和评价的环境中会

① 夸美纽斯. 大教学论·教学法解析［M］. 任钟印，译. 北京：人民教育出版社，2006：41.

表现出守规则的行为，但到了没有监督和评价的地方，规则意识就会减弱。这就说明规则教育没有激发学生的内在需求，没有融入学生的内心，没有激发起学生强烈的情感认同。

因此，在规则教育过程中，班主任要多给学生创造“自我感知”“自我理解”“自我修正”的机会，让学生体会到遵守规则对维持良好秩序、提高学习效率、提高愉悦感的重要性，从而从内心深处生发出遵守规则的需求。

角色扮演强调自我通过学习、扮演其他人的角色，在不同的人际互动中实现自我角色的建构。角色扮演在学生规则培养中运用非常多，如：有的教师围绕班规内容进行情景剧比赛，通过组织学生编写剧本、参与表演、参与评选等方式，让学生加深对班规的认识和理解。在解决问题的班会上，班主任也经常会让学生用角色扮演法把违规场景呈现出来，让学生讨论与评判。

（三）行动强化

把普遍的道德规则与具体的道德情境结合起来，为学生提供行动的场景，让学生在具体的实际参与中经历道德选择与认同，让学生在日复一日的训练中加强行动意志，让学生在生活中面对没有监督和评价的情境都能够遵守规则，克服自身的惰性、懒散，按照规则行事，把外界规则内化为自身要求。

有的教师通过一周一个主题的方式进行推进。如：第一周围绕“上课不聊天”的主题开展为期一周的活动，在这个过程中，通过主题渲染、学生监督、积极评价、仪式总结等方式强化学生对此班规的认识以及促进学生行为规范化，“少而精”避免了“贪多无效”的现象。

有的教师以班级核心价值观为核心，整合资源，利用丰富的班级活动，在活动中培养学生的规则意识以及积极价值观。如：陈宇老师确立了“公德、责任、合作、友善”的班级核心价值观，以后所有的班级活动均围绕这四个词开展，活动形散而神不散，渗透和落实了班规教育。

关键词	相关活动
公德	“人人都是值日生”的主题班会
	“感动班级十大事件评选”主题活动
	登山捡垃圾活动

（续上表）

关键词	相关活动
责任	“我能为班级做什么”主题征文
	班级“劳动明星”评选
	“阳光雨露杯”颁奖典礼
合作	“合作—超越”计划启动仪式
	小组建设系列活动
	班级趣味运动会
友善	友谊地久天长
	集体生日会
	班级美食节
	交换友谊文娱活动

有的教师通过校内外实践体验活动进行推进，如校内志愿岗、校外志愿服务，让学生有机会体验规则进而逐渐内化各种道德观念。

（四）积极反思

反思可以让学生进一步明确自己哪些规则执行得比较好、哪些规则执行得不好，以及分析为什么执行得好、为什么执行得不好，通过不断总结和反思来提升自我认知、自我调控能力，进而把外部规则内化为自身需要。

有的教师借助“每日一总结”“晚点评”“班级日记”“班级观察”等活动，通过学生自省、相互观察、他人评价等方式，提升学生的自我教育能力。有的班主任开展每日早点评活动：花1分钟左右的时间朗读前一天放学后学生写的班级日记。日记内容是前一天班级情况小结，如班级或学校大事、好人好事、突出问题等。

由内而外的遵从关键是要调动学生的主体认知能力，建设积极的班风。当学生认为不遵守规则是可耻的或者当学生出现破坏规则行为会受到全体学生给予的压力时，学生的不良行为就会“不治而愈”。

案例

班级民主法庭

旺旺和小林在英语课上互扔纸团，当旺旺扔的时候被英语老师发现，批评了他几句。下课之后，旺旺就去找小林打架，一边打一边嚷嚷：你趁老师不注意的时候扔我，老师为什么不罚你？当时，我给旺旺讲了道理，回家后家长也给他讲道理，事情就这样过去了。没过几天，旺旺又跟小林吵架了。这次我没有批评任何人，而是提议采用全班模拟法庭的方式来民主决定这件事。

全班共22名学生，旺旺和小林是当事人，有3名学生作为证人目睹了当时的全部或部分过程，剩余的17名学生作为陪审团，享有投票权，对这两名当事人的做法做出判断。班主任作为法官，只负责主持，不参与投票。开始之前，我先征求两名当事人的意见，采取少数服从多数的方法得出结果，说明不管最后的结果是否是自己期望的，都要认可，并且要执行。两名当事人都表示同意。

首先，是自陈述环节，采用猜拳的方式由胜方先陈述；然后，是3名证人发言环节，他们发言后询问旺旺和小林是否有补充；最后，是17名陪审员开展讨论环节，进行裁决。

前两个环节基本还原了当时的情景——旺旺和另一名同学在玩尺子，不小心掉到小林那里，小林拿到尺子后说："在我范围内的物品就是属于我的。"于是，旺旺就去抢，小林这时候放话："就是不给你，你还敢打我呀。"旺旺上前就拽住了小林的衣服，两人扭打在一起。

所有人对当时的情况都达成共识：一是小林的做法不对，尺子是旺旺的；二是旺旺先动手打人，旺旺也是不对的。对于该怎样裁决，大家讨论得很激烈，但是对于究竟由谁来负责这件事情不能达成共识。这时，作为班主任的我提出举手表决的提议：第一项提议，认为旺旺做得对的陪审员请举手，1名陪审员举手，我看到旺旺露出震惊的表情；第二项提议，认为小林做得对的陪审员请举手，没有陪审员举手。

这时，我跟学生们说："你们知道如果是真实的法庭会怎么处理这项纠纷吗？根据法律，旺旺是要承担主要责任的，因为是他先动手。我们一直强调，什么最重要？”学生统一回答：“生命。”我说：“对，生命是最重要的，旺旺的行为有可能会对别人的生命造成影响，所以他要负主要责任。孩子们，这是法律的规定。但是，我个人也跟你们一样，并不赞成小林的做法。人都是有情绪的，有情绪要爆发也是正常的，请同学们都要注意自己的言行，不要因为过激的言行给自己和他人带来伤害。”

当天晚上，旺旺的爸爸给我发微信说：“听孩子说了今天的事，感觉老师的处理方式特别好。孩子回来以后说，没想到只有1个同学同意他的做法，他一直觉得捍卫自己尊严和面子的做法是对的，原来大家都不认可；还有，小林的做法没有人赞成，孩子觉得特别高兴，他一直的想法是老师和同学偏袒小林，因为他特别鬼机灵。旺旺发现原来大家都是特别公正的，是自己理解得不对。”

周一上学，旺旺主动找小林道歉：“小林，对不起，虽然你挑衅我，但是我也不应该动手。”小林见此也说：“我是跟你开玩笑的，你的东西就是你的东西。”旺旺还来找我：“老师，谢谢您。大家都很公正，并没有偏袒小林。以后遇到这种事情，我就无视他，就像有句话说的，最好的处理方式就是置之不理，他自讨没趣之后就会收敛了。”作为班主任的我，赶快趁热打铁，说：“旺旺，你看那么多书，懂很多道理，说话也很有文采，应该内化于心、外化于行。你今天主动承认错误就是一个很大的进步。老师看你以后的表现。”

一周后的小饭桌，旺旺来找我说：“老师，我想告诉您一件事情，今天我和小林发生了矛盾，我想请您帮我解决一下。”旺旺描述之后，我首先肯定了他的做法，说：“你真是一个善于学习的孩子，没有用过激的言行来处理矛盾，反而是寻求帮助，特别好。”

为了激励旺旺继续保持这种好的行为，我给旺旺写了一封信，表扬了他的各种优点，同时推荐他看一部电影——《头脑特工队》。旺旺的爸爸后来反馈说，家长与孩子一起看了，他们认识到各种情绪都是人的正常的反应，关键是要正确认识自己的情绪。

（北京市海淀区清华东路小学　郭艳）

三、学生自治：在自主管理中学习

班规本身是制度的一种表现形式，班规把学生需要遵守的要求上升为制度，并赋予班规一定的“权威”来固化班规的“地位”。但制定班规后，让班规内化为学生的行为还需要学生自我管理机制来辅助。

学生自治有两个重要的理论基础，其一是让班级成为公民练习之地。学生最终会走向社会，为了让学生熟悉社会的基本规则、掌握进入社会需要的基本技能，如：讨论、发表看法、投票、管理。班级作为“微型社会”，应尽可能为学生提供公民活动之练习场所。其二是学生能主动管理班级，自主、自愿遵循道德准则。教师作为教育者，负有管理学生、教育学生之责任，但如果学生始终在教师的严格管理之下，那么就会出现被动服从、当面服从、校内服从的弊端，一旦学生离开教师视野、离开学校，就会出现放荡不羁的行为。因此，倡导学生自治，就是让学生在主动管理、自主管理中内化道德准则，进而主动追求道德的意义，以遵守道德为自己的人生追求。

（一）自主管理的价值

1. 学生本身是教育主体

教师不要仅仅把学生看作是被教育的对象，学生自身也起着教育者的作用，他们本身也是教育主体，因此，教师应该最大程度地尊重学生，发挥学生自我管理的功能，使每个学生不仅在集体影响下积极关照自己的行为，也积极影响集体中他人的行为。

2. 管理的本质就是盘活资源

管理有几个特性：第一，管理主要不是通过自己而是通过别人去做某些具体的事务；第二，管理统筹具有一套工作程序，其中最主要的程序是计划、组织、智慧、激励、协调、分配资源等；第三，管理总是朝着某个预定目标的；第四，管理归根结底是为了把工作做得更好，也就是说，检验管理是否有效的标志就是看通过管理，工作效率是否有了明显提高。[①]

班级管理也具有这些特性，教师作为管理者，目的并不是自己把所有的事情都做了，而是充分调动每个学生的积极性和参与性，让学生把班级自主管理起来。班规制

① 教育部人事司. 学校管理理论与实践［M］. 北京：北京师范大学出版社，2002：2-3.

定和实施也是如此，并不是教师制定了班规就万事大吉，班规怎么制定、怎么运作、怎么评价，一定要让每一个学生参与进来。只有每一个学生参与进来，教师的管理效能才算显现出来。

3. 学生从经验中学习

马卡连柯说，教育自然应当为儿童未来的独立生活做准备，但学生集体既不能满足于仅仅为“未来的生活做准备”，集体的个别成员也不愿把自己看成“未来个人的萌芽”。因此，对于教师来说，学生确实是被教育的对象，但学生却是活生生的人，他应以生活为乐，并从丰满的生活中获得生活经验。①

对于班级制度生活来说，也是如此。学生在班级中制定规则、适应和遵守规则、处理不遵守规则的行为，这些都是学生重要的成长经验。学生正是从这些鲜活的、真实的生活经验中，习得了公共生活中的交往技能，提升了公共生活道德能力以及维护多样的社会关系的能力。

学生管理者、班干部和小组、社团等各种组织，都是学生自主自治的组织，这些组织为学生提供了历练的机会。

马卡连柯也特别重视集体、集体中各个组织的作用，认为“这种组织具有很大的教育效果，因为它能造就不同年龄学生之间的更密切的协同动作，而且是经常积累经验和传授前一辈经验的天然条件，小孩子获得多种多样的知识，掌握行为习惯、工作方法，学会尊重大孩子及其威信；大孩子关心小孩子并且对他们负责——这能培养苏维埃公民所必具的品质：对人关怀、气量宽宏和严格要求，还能培养未来的家庭成员应有的品质以及许多其他的品质”②。

（二）学生自治机制

1. 班级自治

班干部：班级一般会设立班长、副班长，然后根据学生学习及生活需要，设立学习委员、纪律委员、卫生委员、宣传委员、文娱委员、体育委员以及各科课代表。

这种层级制的管理体制分工明确、各司其职又相互合作，最重要的是班长是班级

---

① 马卡连柯. 马卡连柯教育文集：上卷［M］. 吴式颖，等，编. 北京：人民教育出版社，1985：15.

② 马卡连柯. 马卡连柯教育文集：上卷［M］. 吴式颖，等，编. 北京：人民教育出版社，1985：255.

的灵魂人物，是班级所有学生的学习榜样以及提高班级凝聚力的“旗帜”。

为了调动所有学生参与班级自主管理的积极性，让学生树立“我是集体一分子”的思想，班主任要充分发挥自治机构的教育作用。在实践中，班主任一般会采取投票、轮流或二者结合的方式让学生成为班干部，借助不同岗位干部的号召、组织、宣传、督促来落实班规。

2. 小组自治

为了便于管理和齐心协力发展，在班级机构的基础上，班级也会借助小组制来实现小组范围内的自治，以便降低班级整体运作的难度。

每个小组会自主落实班规，并形成小组之间相互竞争、互做榜样的态势。小组长的管理，可以落实班规班纪，也可以形成小组内互帮互助的氛围，使小组有秩序地运作。

3. 人人自治

为了发挥所有学生的个性特长，让所有学生参与到班级建设中，培养学生的主人翁意识，进而用班级荣誉感激励学生行为规则的养成，我们倡导尽可能让每个学生参与到班级管理中。人人有岗可以辅助班级自治、小组自治的实施。每个学生在自己的岗位上尽职尽责，也是落实班规的很好途径。

班级、小组、人人，从三个不同层面形成了学生自主自治机制，为落实班规提供了很好的运行保障。“集体中复杂的从属关系能够养成领导和服从的能力。”[①]固定的班长等领导制容易导致学生“当官”“管人”的心态，而忽视自己以身作则、建设优良班集体的重任；而在不同层次、不同类型的自治组织中，每个人的角色是转换的，如：学生既是班长也是组员，作为班长，其要领导班级全面运作；作为组员，其要服从组长的领导与管理。每个学生都在自主管理机构中，体会着领导与服从、个人与集体、个人与他人之间的关系，进而让任何“领头人”都感受到“自己是受集体的全权委托而不致变成身居特殊职位的人”[②]。同时，所有学生在体验不同的角色时，能获得一定的社会活动的技巧，进而使他们有更多的兴趣和更好的能力积极参加其他各种社会活动。

---

① 马卡连柯. 马卡连柯教育文集：上卷［M］. 吴式颖，等，编. 北京：人民教育出版社，1985：259.

② 马卡连柯. 马卡连柯教育文集：上卷［M］. 吴式颖，等，编. 北京：人民教育出版社，1985：260.

（三）学生议事机制

1. 全体议事

班级是小社会、小群体、小组织，在这个社会群体中，学生之间肯定会出现矛盾和问题，也会经常出现各种违反规则的情况。如何借助群体效应来教育和引导学生，也是班主任应该考虑的问题。

当出现共性的、影响全局的问题时，建议班主任可以组织全体学生参与针对问题的讨论，班会是一种很好的形式。除此之外，模拟法庭等也是一种全体学生能够参与的方式。违反规则是从“法”的角度来说的，但全体议事给学生阐述的机会，也会激发学生表达情、理的欲望，也给学生提供了理性思考、人文感悟的机会，同时教给学生做人做事的方法，提高学生的自我主体意识和自我管理能力，最终让学生成为内化规则、主动遵守规则的人。

2. 班委议事

为了有效管理班级，班主任一般会采取学生民主投票的方式，根据学生性格特点、能力等组成班级“领导机构”——班委，全面负责班级学生的学习、纪律、卫生等，推动班级顺利运作。高效、合作、团结的班委能够给全体学生积极的榜样示范作用以及积极价值导向引领作用；班委议事也可以提前统筹班级事务，在班级遇到问题时积极讨论解决，推动班级事务的高效运作。

3. 当事人议事

在班级里总会有个别学生出现违反班规班纪的现象，但这些学生不是坏学生，他们不应该成为被教师和同伴讥讽和排斥的对象，而是需要获得更多的关爱和支持。因此，班主任要给予他们更多的改正错误的机会和更多的支持。

教师应与当事学生就事论事，聚焦出现问题的行为，并分析该问题行为对他人以及当事学生的消极影响，在此基础上，明确努力的方向、实现目标的方法以及实现目标后的奖励、不能实现目标的惩戒措施。

议事本身是培养学生明理的过程，教师应让学生在参与议事中获得分析问题的方法，感受到被尊重和被信任。议事过程以及议事中确立的解决问题的方法是培养学生自主管理、信守规则很好的方法。同时，教师给予这些学生额外的关爱和帮助，会换来学生积极面对自我的心态，这些都有助于学生养成良好的行为习惯。

案 例

学生公正参与班级事务的机制建立

在笔者带领学校班主任开展课题研究时，班主任张冬梅老师在班级开展了以下干预研究。

一、值日班长制度

班级每一个学生按照学号顺序轮流当值日班长，每天一个人。值日班长的职责：课前督促同学们对齐桌椅，安静坐好等待老师；检查并评价上午操和下午操所有同学的表现，对认真上操的同学给予积分卡奖励；检查地面卫生；等等。

值日班长制度不仅给每个学生表现和管理他人的机会，更让学生感受到教师的公平公正，从而潜移默化地影响学生对待他人和集体事务的态度。该制度实施一年半以来，已经成为班级的一种文化传统。值得注意的是，虽然每个学生一个多月就能轮到一次，一年半以来每个学生至少当过8次值日班长，但学生至今仍然会因当值日班长而在前一天兴奋不已。

二、责任分工制度

为了培养学生的个体责任意识和集体荣誉感，作为班主任的我在学生踏入校门之时就留心观察每一个学生的表现和特点，根据学生的兴趣点、性格特点、能力表现等为每个学生设定了集体事务的责任分工，以此来激发和培养学生的责任意识和集体荣誉感。

我的做法：开窗户（3人）、开关灯（1人）、倒班级垃圾（中午、下午放学各1人）、倒办公室垃圾（2人）、整理粉笔盒并按时添加粉笔（2人）、整理失物收集箱（1人）、整理擦桌布（1人）、放学关多媒体设备（2人）、擦窗台（2人）、擦前后门玻璃（1人）、擦储物格（1人）、带眼操（2人）、上操前检查桌椅对线并提醒同学穿外衣（2人）、午饭后检查地面卫生（2人）、打扫讲台重点部位卫生（4人）、卫生用品摆放（2人）、早上涮墩布和板擦（2人）、绿植养护（4人）、擦黑板（4人）、收作业及收发各种通知（6人）、课代表（18人）、打扫餐车卫生（3人）、管理图书（2人）、发放课间奶（2人）、整理奶盒（2人）、放学路队举班牌（1人）、整理分卡盒（1人）、记分卡欠账（1人）、注销欠账（1人）、协助老师（1人）。（说明：一个人会有多个角色。）

公正团体法的原则和要求：（1）采取直接的民主管理，通过不记名投票的方式，实行少数服从多数的原则；（2）教师在团体活动中与学生平等，具有相同的权利和义务；（3）团体活动的基本目标是培养学生的集体感。

三、自我评价、互相评价与集体评价相结合的制度

集体事务的评价采用自我评价、互相评价与集体评价相结合的评价制度。

每个月对承担集体事务的学生一一进行评价。评价分为三步：第一步，请承担某项工作的学生甲回顾自己一个月以来的工作态度和成效，然后自己对自己做出评价，如：“我在（　）月能够……，我认为我可以得（　）分”，保质保量完成任务计20分卡作为“工资”；第二步，熟悉并关注了学生甲的工作的任何同学公开表态，对于自己认为不合理、不客观的评价提出异议，具体指出学生甲哪里做得不够好，并给出自己认为合理的分值；第三步，全体同学听完学生甲的自我陈述和其他同学的合理化建议之后，通过打手势的方法表明自己的评价结果，即量化学生甲的得分（“工资”）。

除了集体分工事务之外，学校的各种“优秀”表彰也采取多主体评价相结合的制度来完成。如：每月评选一个“学习进步奖”，评选时，先公布参选条件及名额，然后由学生个体自荐或推荐并陈述理由，最后通过集体讨论确定人选。

值日班长制度的评价则渗透在学生履行值日班长职责的过程中。当值日班长忘记自己的职责时，马上会有同学提醒他该干什么了，当值日班长履职不能做到公平、公正时，也会有同学马上提出异议。哪个同学履职认真、公平、动作快都会引起同学的注意，他们会将自己的履职表现与他人的履职表现进行比较，在第二次履职时进行改进。

四、流动日记

全体学生共同写一本日记，每人一篇，每天一人，按学号轮流。日记内容限发生在集体中或学校里的事情。流动日记除了记录见闻之外，还引发了学生对具体事件的思考与评价。

自我管理、在集体中相互监督和管理，本身也是学生成长的一个重要手段，学生在参与中学习，磨砺身心，从幼稚走向成熟，不断丰富和拓展自身的社会属性，习得融入社会所需要的规则和道德，使自己从自然人走向社会人。

自我管理机制和平台为每一位学生提供了表现自己才智、能力和做贡献的机会，让学生在锻炼自己、释放自己创造性的同时培养了尊重规则、守护规则的意识；让学生在相互监督、自我修正的过程中，提升遵守规则的意志和情感；让学生在解决多样化的问题过程中，提高发现问题和解决问题的能力，锻炼思维能力以及对实践生活的理性思考能力。

新课程改革把教育目标定位为知识、技能、情感态度价值观，对于规则教育来说，也涵盖知识、技能、情感态度价值观三个不同层面的目标。在班级中，借助制定与实施班规，学生不仅从认知层面知道了在学校、教室里应该遵守哪些规则（这些规则也会进一步迁移到更广阔的公共生活领域），而且获得了监督自我遵守规则、干预他人违反规则行为的技能，还在集体生活中丰富了情感，因大家共同拥有友爱、有序的班集体而完善了人格，形成了正确的价值观。

案例

三个阶段，三种班规

初中时期，学生处在不断成长的阶段，其心理变化和行为表现各有不同，因此班规也不能一成不变，应当结合学情加以微调。

一、初一阶段：周班规+微型班规

背景分析：以往的工作经验告诉我，条目众多、力求全面的班规执行难度较大，很挑战班主任的细心、耐心和宽容心。带新的初一年级时，我在征求了很多老班主任的意见之后，发现他们都提到“班级管理不能面面俱到，每周做好一件事即可”。

执行细则：我请宣传委员帮我在教室后黑板辟出一块神秘“空地”，用来记录每周的班规，并且根据执行情况每周或者隔周更新一次。那么，每周一条班规制定什么内容呢？我求助于我的学生，请他们每个人用一个细致的词语描述自己心目中的最好的班级，依次写到黑板上。黑板上很快呈现出很多词语，如：“和睦的人际关系”“互相帮助”“干净整洁”“课堂活跃”……然后，我把学校发布的优秀班集体的评选文件给学生读了一下，请他们结合小学的学习经历，将最难做到的或者最容易出问题的一条写到黑板上，于是黑板上的信息变得更加全面了：“课间操不掉队”“眼操规范”“抽屉整洁”……

如果当周班规执行良好，超过三分之二的同学能够执行，那么下周就采用新的班规；如果执行情况较差，那么继续执行老班规。班规执行情况由班委会匿名为每位学生分档：优秀、良好、及格、不及格。遇到执行情况较差的班规时，由班委会推荐人选进行原因分析，并进一步改正。

执行案例：开学第一周，我拿出大家之前选定的几项班规，请大家投票决定第一周要认真执行的班规，“易操作”“可检测”是票选标准。最后大家投出了“眼操规范”这一条。我们商量好人人都必须做到才能执行下一条班规。为了确保这条班规的落实，我们专门下载了眼操的动作视频，还安排每组组长讲解常犯的错误，更请了做医生的学生家长录制小视频，说明中小学生做好眼操的意义所在。至此，我们已经从思想和行动上都站到了更高的位置。

在落实本条班规的过程中，第一天我亲自检查，并且重申了眼操的要点，当天上午每人都做到了规范中的要求。当天下午的眼操中，我坐在讲台最前面，和他们一起做眼操，用自己的行动表示自己对“眼操规范”这条班规的重视。终于第一周的第一条班规顺利落幕。

后续有一些较难的班规，如：“课堂活跃”“和谐人际”，在实施过程中遇到了问题。首先，我们从总体战略上将学生之前提出的微型班规分为易（“眼操规范”“跑操排面整齐”）、中（“作业全齐”）、难（“卫生无死角”“作业质量高”）三个档次，确定了从易到难的顺序为主，难易夹杂的顺序为辅；其次，班委会兼职战略分析部，和班主任一起负责观察本周学生表现并记录分析；最后，做好全班动员工作。学校就是学生犯错的地方，学生有权利反复出错，但是我们有义务帮学生不断完善自己。

例如“课堂活跃”班规，第一周施行的时候课堂活跃人数只占班级三分之一左右，其他人由于性格原因或者听课效率问题，不爱举手。经过班委会讨论之后决定第二周应当继续执行此班规，但是具体内容应当调整为“组长活跃、组员认真听课且能准确回答老师的问题”。班规变得科学之后，第二周就有三分之二的学生做到了。再如“卫生无死角”班规，总因为个别学生不注意以及门后角落、暖气片后没有打扫干净等卫生问题导致班规在第二周都不能通过。对于这样的原则性问题，班规内容不能做出改变，但是在宣传动员之后，班里多了很多志愿者，他们自愿承担班级卫生死角的监督和清理工作，终于在第三周这个班规通过了。但是后续仍然会反复，因此“卫生无死角”班规就变成“复活率”最高的班规之一。

总结梳理：第一，初一前期要稳扎稳打，步子小而稳，从一些好抓易管的事情做起，如某个时间段的行为规范之类，借此来锻炼学生的责任心和集体意识。中期可以加入一些难度较高的如持续时间较长的、对学生自律性要求较高的班规，与简单的班规间杂进行。这样，学生才觉得有挑战性，同时基于已有的自觉意识，执行较高难度的班规也会有一些成就感。第二，事前做好宣传铺垫工作，事中做好观察分析工作，事后做好总结梳理工作。第三，师生思维灵活，目标一致，及时调整班规及行为策略。有的班规执行情况后续变差之后，可以启动“复活机制”。在这样每周微型班规的引领下，我们平和有序地度过了初一的适应阶段。

二、初二阶段：活班规+自主班规

背景分析：进入初二年级，学校对学生而言已经是熟悉的环境，因而学生的自律性有所降低。为了调动他们遵守纪律的积极性，我开始采用小组积分制。

执行细则：班级按照4～5人/组的标准分组，各项内容都可以计入加分或扣分考核，计入积分考核的具体内容由组长提前设想，并且从公布之后的第二天开始执行。具体考核内容可随时添加。

组长们设想的可以纳入积分考核的灵活班规的内容：小组作业全齐每人次记5分；课堂检测满分每人次记5分，小组全对每人次额外记5分；小组考试进步N名，小组积分增加2N分。

这样的班规模式充分激发了学生学习的自主性和灵活性。

执行案例：执行两周之后，得分较低的小组组长找到我，反映获得第一名的组总分高可能因为他们人数多，为了更加公平应当计算人均积分；经常得第三名和最后一名的组长提议，要每周奖惩一次，不能仅仅奖励平均分第一名的小组，还要奖励进步大的小组；获第一名的小组组长则跟我建议改革小组奖励，不能总是老套地奖励学校文具，应当“有新意，避免跟金钱挂钩，有教育意义”。于是，我看到了获胜小组的花样百出的奖励策略：帮忙打一周的午饭；每天夸奖对方三次“×××，你真牛”；帮忙按摩肩膀；无偿提供借文具服务……

总结梳理：第一，不能小看学生的理解力和创新力，规则交到学生手里的时候，他们会变得更有责任感，更有担当意识。第二，灵活自主的班规提高了学生的执行力。在这样的留空的班规的挑战下，大家都觉得自己可以制定班规，也能享受遵守班规带来的好处，班级有了很明显的变化，即使是在闭锁的青春期，大家也开始变得活跃，团队之间也变得更加互助友爱。

三、初三阶段：零班规+隐形班规

背景分析：初一、初二阶段，学生已经正面或者侧面经历过初中生应该做的事情和不应该做事情，他们已经知道规则，难的是坚守规则。进入初三之后，学生学习压力变大，也变得更加情绪化，因此会犯很多错误，但是他们冷静之后就能知道自己哪里错了，以后应该怎么办，只是在情绪化的当下会让很多问题急剧激化，产生不可调和的矛盾。

执行细则：我先在班会课上通过回顾两年来大家的照片、老师们的评语，大力肯定了大家两年来对班规的坚守，因此初三这一年，班级不再有任何明文的班规，因为我们已经做到了心中有班规。同时，我也提出为了更好地帮助大家，我们有三个字的隐形班规，即“怎么做”。因为很多时候我们犯了错之后往往陷于自己的情绪波动中，导致问题解决不顺畅。因此，当自己违反班规之后，班主任或者任课老师用眼睛示意或者用手势示意的时候，自己第一时间要想到怎么办，并且去实践，而不是继续犯错或者沉默对抗。我们的“零班规+隐形班规”之路开始啦！

执行案例：以我们班小宇为例，一次课上他因为小组PK（对决）赛因自己而丢分闷闷不乐，驼着背坐在椅子上，拿尺子一下一下地摔打课桌，同学们回头看他，他反而露出更加不逊的表情。我瞪了他一眼，嘴里无声地做出“怎么做”的口型，他瞬间坐直了，然后抬头听课。

当然也有不遵守这个班规的例子，有学生给大家带了消暑的糯米糍，多了几个，有人提议应当分给老师，有人嘟囔“凭什么给老师”，我当时就愤怒了，让他“出去”！自认为兢兢业业地教学和教育，最后一个五毛钱的糯米糍都不舍得分给我，暴喝他之后更加觉得自己委屈，于是不能自已，变得更加激动。然后我扫到了黑板上写的“怎么做”，懊悔自己失策并失态。再看犯错的学生，面对我的愤怒，他更加理直气壮，觉得无论如何我都不能让他出去。我请班长大声重申我们的隐形班规，然后自述错误：我错了，我沉溺在自己的情绪中，学生犯错是正常的，我应该做的是教育他，而不是冲动。那孩子也终于表态：自己口误之后应当及时道歉，而不是通过找老师的问题来回避自己的错误，并且他在我说明不需要道歉之后仍然坚持要当众向我道歉，用行动来表示反省态度。

为了让教育意义扩大化，我请值周班长收集本周遵守隐形班规，不限于情绪化而致力于行动改变自我的小片段，我汇总整理后发到家长群和学生群中进行教育。

具体案例如下。

赵同学：这周你努力了很多次，也终于很多次举手回答问题了，我记在心里，期待你每天告诉自己，再多努力一点点，就会离梦想更近一点点。

韩同学：这周的你更多时候还是安静地躲在一边，安静地发呆。每个人都需要存在感，都需要获得他人认同。何不在课上努力一把呢？

李同学：随时随地都能学起来的好孩子。这周的某次语文课你表现特别好，举手3次；也有某次语文课你走神、搞小动作3次。你体内一定有个好的你和不好的你，把那个好的你多放出来溜达溜达哈。

张同学：你有个特别不好的习惯——课上当别人回答问题时，你总会嘲笑或者打趣，但是这周你意识到了，我注意到有一次课，你一直在控制自己。这习惯不应该在善良的你身上停留太久哦。

王同学：你能感觉到吗？你正在慢慢往上走。有的人适合做考场黑马，有的人适合细水长流，你就是后者。别太着急，就像现在这样慢慢来、一点一点地积累，初中这点东西不难，你很快就可以驾驭了。

总结梳理：第一，任何班规在执行过程中都会遇到花样百出的问题，最重要的是如何去解决问题。伴随着问题的不断解决，班规会越来越完善，学生和老师双方都会越来越完善。因此，我们应当调整心态去解决问题而不是抱怨问题。第二，零班规执行过程中会遇到挑战，不妨偶尔“召回”某项大家都遗忘已久的班规，执行情况变好之后再继续回到零班规的状态中。第三，学生案例片段收集的工作应当充分调动学生和科任老师参与的热情，这样的片段收集才显得更有意义，更加科学。

（北京陈经纶中学劲松分校　李文越）

第五章

班规不能脱离班级文化

我感到有一种说法很幼稚：集体得以维持的主要东西，是严格要求和组织上的从属制度。严格要求、责任心、服从和领导，都是集体得以维持的非常重要的基础，但如果没有其他同样重要的基础，那就没有，也不可能有集体。[1]

——苏霍姆林斯基

① 苏霍姆林斯基．给教师的建议［M］．周蕖，王义高，刘启娴，等，译．武汉：长江文艺出版社，2014：177.

教育学是最辩证、最灵活的一门科学，也是最复杂、最艺术的一门科学。我们在谈任何一个问题、任何一种教育方法的时候，都不能撇开其他问题、其他教育方法来谈，因为一种教育方法在一种情境中可能是有效的，但在另外一种情境中可能是无效的，这也就是我们经常说的教育是无法复制的。对于班规来说也是如此，班规是教师班级管理思想的一个重要体现，我们在第三章归纳了班规内容应该包含的四个要素，但如何真正把班规制定好、利用好，还需要教师将其放在整体教育理念、整体班级建设下来思考，因为如果没有了班级建设、班级氛围这个大的土壤，班规也只能是“无源之水”“无本之木”。

一、就班规谈班规是局限的

人们在谈一件事情有多重要的时候，很容易把这件事情的功能和意义极端化，而在实际教育教学实践中，没有任何一样东西可以万能地解决所有问题，一定是诸多教育要素的配合和协同运作才能很好地解决问题，达到好的教育效果。

我们研究的班规也是如此，之所以把班规从班级建设中“剥离”出来进行分析，目的是从复杂的现象中找到问题的本质，帮助班主任厘清很多班规中的困惑。如：班规内容“细”与“粗”的问题（班规内容是全面且不留死角还是每学期着重解决几个问题）、“刚”与“柔”的问题（班规内容是着重规约学生的行为还是激发学生的良善）、“规训”与“教育”的问题（学生违规，是惩罚不姑息还是强调教育性）、“清晰”与“模糊”的问题（班规内容是侧重可操作、可观察还是侧重价值引领）、“动态”与“静态”的问题（班规内容是固定不变的还是要动态修订的）等，进而把握制约班规内容以及呈现方式的要素，了解影响学生形成规则意识的机制，以便更好地发挥教师在学生教育和班级建设中的积极作用。

但同时，我们也不能把班规、班训等班级制度的地位极端化，以防给一线教师形成一种印象：只要班级制定了班规、班训、奖惩制度，这个班级就一定能运作好，进而把班规的功能极端化。目前，很多一线班主任在谈班规等班级制度的时候，仍然停留在“存在”的层面，即仅仅说明“我有制度，且有严密的制度”，而没有去观察和总结班级制度与班级文化之间的关系、班级制度与学生道德成长之间的关系等，幻想只要从学生中选拔出领导者、只要学生有明确的职责分工、只要有学生共同遵守的规则、只要有惩戒方法，集体就建立了，集体生活就有序了，集体凝聚力就形成了。但这是不可能的，这样的认知反而会造成适得其反的后果。

只有把班规作为班级建设总体体系中的一部分时，班规才有可能成为教育的手段。教师可以利用权威角色“强迫”学生遵守班规班纪，但如果教师没有从思想上、道德上去教育学生，没有从情感上赢得学生，学生就没有真正参与到班级生活中，这种“强迫”是毫无意义的。

案 例

制定班规后，为了把班规转化为学生行为，班主任通过“记住一个字，品读一本书，牢记一句话，佩戴一枚班徽，擎起一面旗，推出一对形象大使，唱响一首歌，聆听一支曲，制作一个班级网页，成立一个编辑部”的“十个一”行动加以落实。一个字即“雅”字，体现了学生的共同追求：生活情趣要高雅，男孩子举止要儒雅，女孩子行为要文雅，衣着服饰要淡雅。一本书即《攀上心中的巅峰》，是班级文化建设的载体。一句话（班级座右铭）即《攀上心中的巅峰》作者刘墉的人生警言：“你可以一辈子不登山，但你心中一定要有一座山，它使你总往高处爬，它使你总有一个奋斗的方向，它使你任何一刻抬起头，都能看到自己的希望。”一枚班徽即班级学生共同设计的班级标识。一面旗即“邓颖超中队”的队旗。一对形象大使即学生设计的两个卡通人物。一首歌即学生自己创作的班歌《我们团结在一起》。一支曲即教室一角“艺术乐园”中放置的师生共同欣赏的音乐CD（激光唱盘）。一个班级网页即记录班级学生学习、活动的网络页面。一个编辑部即负责出版记录学生生活的班报等班级刊物的组织。

（摘编自甄珍《没有规矩　不成方圆》，载于《班主任》）

在上述案例中，甄珍老师把对学生的要求融入班级建设的方方面面，使每一个班级文化载体、教室里的角角落落都体现着对学生的要求，真正做到把班规放在班级文化中去实施。

二、不同班级文化下的班规样态

（一）有精神和情感基础的班规样态

案 例

量化管理有助于促进学生自我管理，同时使班级管理有“法”可依、实现班级管理的相对公平，是我在班级管理中经常使用的方法。然而，在喜悦于量化管理给班级带来秩序、规范的同时，我也在班级中发现了一些令人忧心的现象。如：有的学生会为了加分而说谎；有的学生根本不在乎被扣分；有的学生为了不被扣分学会应付；有的学生为了多加分学会功利……

当9月我又一次接手一个一年级新班时，基于对上述现象的思考，我系统反思了自己曾经在班级中施行过的量化管理实践，并将其实际效果与“培养全面发展的人”这一教育根本目的做比对。这使我意识到：量化管理的标准是刚性的，缺少“人情味儿”，但我们面对的学生却是灵动的、鲜活的、有情感体验的；量化管理的评价往往是“一刀切”的，缺少“差异”，但我们面对的学生却是多元的、复杂的、有不同需求的；量化管理的考核内容终归是有限的，缺少“全面”，但我们面对的学生却是完整的、发展的、不能割裂的。

事实证明，一味地对学生（尤其是小学中低年级学生）施行精确的量化管理，其效果并不一定特别好。教育是一项长期工程，其根本目的是培养人，而能对一个人的发展起决定性作用的因素是其主观能动性。这样看来，从长期的角度来讲，面对日益多元的学生群体，或许把精细的量化条款大“瘦身”，只做“粗线条”的价值引领反而对学生全面、可持续的发展更有效。

我开始了新的尝试。首先，进行量化条款“减肥”活动。我改变以往对“出勤”“学习”“纪律”“卫生”“其他”五大项诸多细化小项同时进行考核的模式，选择以阶段性的美德练习而代之。其次，对于每一个阶段性练习的美德，也只做描述性的、方向性的引导，不再将其看作是以往的“大项”进行二级指标的细分。最后，将一至三年级贯通一体，统筹安排美德练习的项目，使价值引领实现可持续发展和螺旋式上升。

一年级时，班级价值引领的重点是使学生整体感知52种美德，不做具体项目的练习和评价。我将52张美德卡布置成照片墙。在每天的早读时间，我带领学生诵读美德卡的内容，包括正面的含义、背面的练习指导和自我勉励。以“耐心”为例，我们用两个早读的时间诵读、体会其正面的含义：耐心是静静地期望并相信事情会变好；你等待而不抱怨，你容忍并接受困境与错误。接着，我用一个早读的时间教学生怎样练习耐心美德：平静地接受延误或混乱；愿意等待你想要的事物；设立目标并坚持到底；现在就做对将来有益的事；以幽默和优雅的态度接受你不能改变的事物；包容既成的错误。随后，我再用一个早读的时间进行耐心美德的自我勉励解读：我是耐心的；当我们犯错时，我温柔地对待他人和自己；我平静地等候；我相信事情终会有好结果。我和学生在墙上布置了一棵美德树，并制作了相应的52个美德“苹果”，每学完一种美德，美德树上就会结出相应的美德“苹果”。

从二年级开始，师生基于班级实际情况，共同讨论确定每学期进行的美德练习内容。我们聚焦班级存在的问题，致力于解决这些问题，所以，练习内容也会随着班级实际情况的改变而改变，这种流动性突破了以往量化管理“被动、死板、有限”的局限性，使学生主动参与对每学期学习内容的选择和思考，也使我们的价值引领更符合班级现状、更能促进班级学生的品德养成和个性发展。

二年级上学期时，我们最初共同选择的美德练习内容是和平、礼貌、整洁、友爱和诚实，形成班级的极简版班规。具体框架如下：

1. 和平。解决争端的方式是聆听和交谈；君子动口不动手，且永远不用武器。

2. 礼貌。注意自己的仪态，主动与老师、同学打招呼。

3. 整洁。随手捡起地上的纸屑放进垃圾桶，以此保持班级干净。

4. 友爱。经常微笑，表达对他人的友好。

5. 诚实。心口一致，不说谎。

在评价激励方面，我们采用班级代币制，定期小结进行代币奖励，发现不恰当行为随时进行教育引导并视情节轻重给予代币惩罚。（注：班级代币可在班级大卖场活动使用。）

二年级下学期时，我发现班里出现了一些新情况，如：有的学生界限意识不强，和同学一起玩时让对方觉得过于亲密而不舒服；有的学生没有小声说话的意识，导致班里静不下来；有的学生自理能力比较差，桌面、地面和书包都是一团糟；还有的学生理所当然地接受他人的服务，却从不愿为大家服务；等等。为此，我们召开班会讨论班级下一阶段需要共同练习的美德，并将价值引领框架修订如下：

1. 和平。我们的班级是一个和平的区域。解决争端的方式是聆听和交谈；君子动口不动手，且永远不用武器。

2. 体贴。在室内，使用“静音”技能或低声说话，以照顾他人的感受。

3. 整洁。每次用完东西都放回原处（包括书本），以此保持班中物品整洁有序。

4. 尊重。相互尊重，减少肢体上的碰触，给彼此留出安全的个人空间。

5. 责任感。按时完成自己的任务，也力所能及地分担班级的公共事务。

到了三年级上学期，班级又出现了新状况，如：一些学生早上到校时间过晚，影响统一安排的早读内容；一些学生“得理不饶人”；一些学生对学校里的保安、保洁说话不够尊重；还有一些学生觉得坚持每天阅读太累人，总想放弃……于是我们召开班会讨论班级下一阶段需要共同练习的美德，并将价值引领框架修订如下：

1. 和平。我们的班级是一个和平的区域。解决争端的方式是聆听和交谈；君子动口不动手，且永远不用武器。

2. 守信。遵守约定，做一个值得他人信任的人。

3. 宽容。接受他人的缺点，不抱怨无法改变的事情。

4. 尊重。礼貌地与每一个人说话，以此来表达对他人的尊重。

5. 坚韧。对设定的目标坚持到底，一步一个脚印走下去，做一个有始有终的人。

三年级下学期时，我发现班级里有些学生开始搞“小团体”，排斥个别同学；有些学生一味追求完成作业的速度，而忽视了质量；有些学生拿考试没考好的同学的成绩开玩笑……于是，我们又将价值引领框架修订如下：

1. 和平。我们的班级是一个和平的区域。解决争端的方式是聆听和交谈；君子动口不动手，且永远不用武器。

2. 团结。把每位同学看成“家人”。

3. 优秀。尽最大努力做好作业。

4. 谦虚。不嘲笑他人，要看到别人的优点。

5. 同情。在同学遇到困难、受到伤害时，表达理解和关心。

就这样，在通过美德练习实现价值引领的过程中，我力求做到既突出重点（和平），又兼顾每个具体时期的问题；既涵盖不同的美德，又体现同一美德不同维度（整洁、尊重）的要求。

三年来，我们的班级多有获奖，各类奖状轻松贴满一面墙；流动红旗基本不落空；同学们在运动场上锐不可当，足球赛中坚不可摧；同学们各有所长；同学们都更爱读书了；家委会持续给力；班主任工作得到大家的高度认同……

这次实践使我认识到：对于班级量化管理，有时我们可以选择换个角度去看待它，换种方式去施行它。像这样通过“粗线条”的价值引领，没有了量化条文的死板，增添了人文关怀的温情，也能达到甚至超越施行精确量化管理的效果。

（中国人民大学附属中学实验小学　张迎春）

在上述案例中，班主任把班规放在立德树人的视角下、放在整体班级文化建设的视野下，不是就班规谈班规、就制度谈制度，这是一种大格局视野下对班规的实施。从立德树人、文化育人的视角进行班规建设，真正实现把管理还原为教育，把“管”转化为“理”。借助制度，培养学生对外界事物的兴趣、专注力，培养学生的自我控制力、判断力，使学生愿意以一种被大家认可的生活方式来成长，并愿意付诸努力。

有精神和情感基础的班规样态具有以下特点：

一是从运行机制的角度来说，班规实施是浸入式的。教师把规则放在“学生成为怎样的人”的视角下，培养学生的美德意识和能力，使学生能辨善恶、知美丑，学生对规则的服从不是迫于外在的压力，而是发自内心地愿意遵守。班规通过激发学生的自我成长愿望、成就感、对未来生活的期待让学生成为一个自律的人。

二是从学生主体的角度来说，班规实施是自发自觉的。教师把班级看作学生的生活场域，在这个场域中，学生在交往、学习中感受成长与挫折，感受集体有序生活带来的美好感觉，感受为集体服务的快乐，学生不把规则看作是外在的东西，而是因为集体中每个人共同的理想、信念和情感而主动执行规则。

三是从实施目的的角度来说，班规应该培养人的道德思维能力以及道德敏感性。规则是制定出来的供大家共同遵守的制度或章程。规则是一般情境下学生应该遵守的行为准则，但生活是丰富多元的、学生面临的生活情境也是复杂的，很多时候，学生并不能用“非此即彼”的思维模式来解决问题。当面对一个问题时，规则是重要的，但道德、关怀、人文是更重要的，有精神和情感基础的班规建设，就是要培养学生用人文情怀、道德理性、科学方法去分析、解决事情的能力，使学生成为既懂规则且更有情怀的人。

（二）缺失精神和情感基础的班规样态

案 例

经过两周时间的接触和观察，我发现这群学生普遍存在两个问题：一是他们本身比较调皮，学习习惯较差；二是他们刚刚离开小学，对初中的学习要求和日常作息还不太适应。为规范他们的行为，帮助他们养成良好的学习生活习惯，我制定了班规——“七年级（3）班一日常规准则”，对每天的出勤情况、仪表、课间表现、课堂表现、作业质量和值日等环节一一提出要求，还根据他们违纪次数、严重程度等制定详尽的扣分准则，由每日的值日班长（班干部轮流担任）负责监督执行。

在上述案例中，教师基本属于单一管理的视角。单纯基于管理视角理解的班规把学生假设为制度人，认为学生是生活在制度中、被制度规约的人。在这种视角下，教师把制度至上、把教师角色权威至上，过度使用教育的控制权力，力图通过班规等制度把学生培养成温驯、听话、对班级有“贡献”（如：因好分数、好行为为班级赢得好的排名）的人，强制把学生造就成班级制度统一要求的人。基于单一管理视角制定并实施的班规制度能维持班级秩序、塑造学生规范行为，但这样管理的班级缺乏精神和情感基础。

缺乏精神和情感基础的班规样态具有以下特点：

一是教师强权意识明显。由于教师过于重视外在的秩序形成，所以不可避免就会导致教师会急功近利，进而忽视学生身心健康成长，过于用外在标准衡量学生，教师意志体现浓厚。反映在班规制定上，教师权利痕迹比较明显。如：有的教师随便“借用”别班的班规作为本班的班规；有的教师组织学生在学习《中小学生日常行为规范》、学校守则等文件的基础上制定班规，虽然也要求全体学生参与讨论、共同制定，遵循民主原则，但制定出来的班规总体反映的是班主任常规管理的诉求。

二是教师规训意识明显。“‘规训化’教育把儿童作为一种必须要制服、要监视、要支配的对象。”[①]教师把学生当作“对立物”去塑造和打磨，而不是把学生当作学生自己，让学生自然地成长。如：教师会把学生一日生活常规化，用表格来监督学生的一言一行，让学生列出计划表格，通过自查、互查、一周一小结、一月一总结、定期表扬奖励与批评惩罚等，来让学生的行为表现符合外在的要求，而忽略学生内心真善美种子的培育。为此，我们经常发现，学生在班主任的课堂上与非班主任的课堂上、校内表现与校外表现差异大，而且随着学生年龄增长，其道德行为表现也会呈下降趋势。同时，教师会把制度功能扩大化，期待管理产生教育的力量，因此，会出现“规范越多，学生就会越守规矩”“规范越强制，学生就会越遵守”的思维。如：有的教师发现学生经常迟到，为了纠正学生，教师不是了解学生迟到的原因，而是采取罚站、给全班同学致歉等“以暴制暴”方式，这是本末倒置的。

三是评价体系僵化。过于追求有序的制度会导致教师的专制，教师把学生看作隶属于制度和班级、学校甚至社会的外在物体，按照僵化的评价体系来评判和塑造学生，一旦学生达不到标准，就会遭到惩罚甚至人格轻视。以教师常用的奖励方法为例来说明，如：某教师隆重奖励了在月考中取得好成绩的95%的学生，没有获得奖励

① 金生鈜．“规训化”教育与儿童的权利［J］．教育研究与实验，2002（4）：10-15.

的某同学掩面哭泣。导致教师如此评价学生的内在原因是教师过于看重学生外在的成绩，甚至认为只有好成绩才能为班级赢得好声誉，而没有考虑如此奖励会给个别学生造成的难堪、羞耻、自我贬低等不良影响，教师也不会思考即使没有取得好成绩的学生，他们背后是否也有努力、坚持、奋斗的品质，是否也有除了学习成绩之外的其他优秀品质。教师用单一、僵化、冷冰冰的评价指标来简单衡量具有发展独特性、多元性、不确定性、丰富性的个体，把学生学习和生活标准化、程序化，看似“对事不对人”，看似公平，却忽视了教育的复杂性，不仅限制了教师的教育智慧，而且无视学生个体的愿望、意志与发展潜力。

三、班规需要以班级价值取向作为“底色”

教师不要指望建立了规则，明确了管理者、监督者，实现了有序分工，班级生活就会自动走上正轨。有序的班级还需要思想基础，即大家共同的价值观基础，师生需要在执行具体的规则之前，对什么是正确、什么是错误形成共识。这是确保班级制度在班级生活中发挥积极作用的价值基石。也就是说，如果我们反过来理解班规，班规应该是班主任建设“优秀班级”“特色班级”的一个载体。假如班主任认为应该向学生传递友善，认为友善是一个人最重要的德性，希望自己能带领学生建设一个友善班级，那么，班规可以是实现友善班级建设的助推器，学生可以在制定班规、实施班规的过程中体会什么是“友善”，学生在班规实施过程中把对“友善”的知情意行进行有机结合。因此，班规也是开展价值观教育的载体。

案 例

一位班主任是按照下面路径进行班规建设的。班主任四年级中途接班，为了解班级情况，班主任开展了以下工作。

首先，班主任让学生说说班级同学的优点与缺点。学生所列出的优点是“诚实”“互相帮助”“珍惜时间”“做事持之以恒”“按时做值日”，缺点是“课间追跑打闹”“丢三落四”“课上插话”“与老师顶嘴”“鄙视后进生”“推卸责任”。这些优缺点是学生真实体验的感受，而缺点是班主任建设友善班级需要着力解决的问题。其次，班主任引领学生分析在“友善”理念下，如何去解决这些问题。可以看出，学生讨论如何解决问题的过程就是思考种种价值判断的过程，也是解决个人利益与他人利益、自我中心与集体中心冲突的过程。在此基础上，学生可能会明确解决问题的思路，如：在“友善”的理念下，针对“课间追跑打闹”制定的规则是“有序走路，避免碰伤自己或他人”；针对“丢三落四”制定的规则是“及时归类整理，不给他人添麻烦”；针对“鄙视差生”制定的规则是“看到每位同学的长处”；等等。最后，让学生在制定班规的过程中感受“友善”带给大家的快乐，教师在评价学生的时候也要积极传递出“友善”的态度。

制度与道德、价值观是紧密联系在一起的，每一种制度背后都有一种道德价值观在起作用，每一种制度都有自己的德性，制度的背后是价值观。价值观是人们关于生活中的基本价值的信念、信仰、理想等思想观念的总和，是有别于事实判断与科学知识的另一类认知形式，是判断是非曲直、真善美与假恶丑的价值准则。不管是“班级管理”还是“学生习惯养成”，抑或是“学生学业成功”，都离不开正确价值观，即班级文化的支撑。“为什么要服从班级和学校规定？”“为什么不应该迟到？”“为什么要学习？”，其背后都是价值观的问题。

在制定班级制度、期待班级制度发挥对学生行为规约作用之前，教师应思考与学生发展相关的各方面的问题。如：课堂里什么最重要？是知识的获得、技能的训练还是情感、态度、价值观的形成？什么是学生终身受用的？是学会求知、学会做事还是学会共处、学会生存？教师最应给予学生什么？是基于当下的知识体系还是基于未来的真善美体系？

“在集体中，如在水滴中一样，反映出的是教师的教育理想和他的世界观。……集体的建立是从思想一致开始的，它是组织一致这块基石所依靠的根底。我一向是从儿童对于善与恶，换句话说，对于‘什么是好与什么是坏’有了一致的、共同的概念和看法时，开始建立集体的。”[①]在班级中，如果要发挥班规班纪的教育价值，如果要把制度育人的价值发挥出来，那么，班规班纪必须与班级文化、班级精神结合起来。

① 苏霍姆林斯基. 给教师的建议［M］. 周蕖，王义高，刘启娴，等，译. 武汉：长江文艺出版社，2014：178.

比如，在本章第二个案例中，张迎春老师在培养学生行为习惯、基本学习及生活规则时，就与班级美德建设结合在一起，让学生意识到任何一个班级制度及教师希望学生遵守的规则都是为了习得美德，让教室变得更加美好，而不是为了培养习惯而培养习惯、为了不出现违反规则的现象而对学生实施严密监管，进而让学生在实际锻炼中养成遵守规则的习惯。

让我们看一下没有共同班级信念、就制度建设制度的案例。

案 例

某初中班主任对自己班级的卫生情况非常焦虑，采取很多办法来解决班级卫生问题都起不到实质性作用，反而使班级学生出现消极对抗的情绪。这位班主任是这样制定规则的。首先采取卫生小组负责制，假如这个小组值日卫生被扣分，那么这个小组就一直值日，直到不被扣分为止。过了一段时间，这个方法遭到小组的反对，因为该小组总是因个别学生受到“株连”，大家认为这对本小组不公平。为此，班主任把小组负责制改成个人负责制。如果某学生因为没有做好自己的岗位职责被扣分，那么这位学生就要连续值日一周。但这个政策在实施过程中，也遇到一些困难。当这个学生被罚连续值日一周的时候，正常值日的学生因为忘记有被罚的同学值日，会出现两人重复值日的现象；如果被罚学生忘记了，会出现当天没有人值日的现象。为此，班主任又进行第三次改革，把个人负责制改成组长负责制，组长负责提醒每一位组员做好自己的值日，直到他们做好为止，这个方法取得短暂的效果，但也出现值日生抱怨同学不珍惜值日生劳动成果、值日生不肯为班级卫生扣分负责的情况。

在上述案例中，暴露出个别教师在实践中对组织及制度的错误认知，即他们认为：有了组织，就能把学生有效地团结起来；有了制度，班级就能高效地运作起来；有了奖惩，学生就能表现出好的行为。然而，没有共同信念和价值观念作为基石，真正的制度是不可能建立起来的。

班主任如果忽略制度背后的人文性以及价值观，把制度至上，把外在的行为以及班级秩序至上，就会忽视学生内心积极向上力量的调动，忽视班级共同价值观的建立。制度实施越强势，生生之间、师生之间的情感就会越淡薄，生生之间、师生之间的距离就会越来越远。

那么，如何建设班级核心价值观呢？如何铺好价值观这个底色呢？方法就非常多了。

比如，一位班主任接了一个纪律不好的班级，他采取的办法不是看管，而是鼓励和激发。在与学生建立良好关系、取得学生的信任后，班主任采用激将法来激发学生行为的改变，如：班主任通过跟学生说“别人说我们做不到像其他班一样自律”“遵守纪律、学会自律是考验我们的关键一步”“我知道大家会有不一般的表现”等鼓励学生，让学生看到自己的潜力，让学生对自己以及班级有自信，从而激励自己做得更好，从他律逐渐走向自律。

再比如，有的教师善于通过“我期待的班级生活”“我的人生规划”“10年后的我”等系列人生规划主题班会来进行班级管理；有的教师善于借助重大纪念日、重大事件等重要节点的教育契机及相关仪式教育来进行班级建设；有的教师善于通过每年给学生写生日诗的方式鼓励学生。这些方式看似无关制度教育，但实际上是一种有积极影响的制度教育，因为制度教育的目的是让学生形成规则意识、遵守相关道德规范，而进行人生规划、举办隆重的仪式教育、赠送生日诗等方式蕴含着丰富的德育功能，能有效推动学生积极价值观的形成以及良好行为习惯的养成。

班主任必须通过价值引领，把规则背后的价值指出来，而不是简单的训诫。如：不迟到、自习课不讲话等，既是纪律的要求，也事关个人公德。教师通过制度，让学生理解和学会公平、公正、民主、合作、自由、规则等，这将有助于增进班级和谐、促进学生成长。班主任要让学生理解班级制度背后的权利与责任，因为学生只有理解了，才会发自内心地去遵守。

四、班规需要以班级情感作为“润滑剂”

班集体建设客观上要求班级管理和谐有序，班级管理也是班主任的基本任务之一，但班级管理的最终目的是借助规则与制度、领导与服从、组织与管理等提升学生的道德素养。因此，我们不能简单地把命令与执行、管理与被管理生搬硬套到班级管理中。

每一个学生都是有情感的、活生生的人，班主任应该首先关注学生的情绪，通过丰富有趣的班级生活与学生建立积极的情感连接，因为积极的情感连接是制度管理的基础和前提。

关注学生的情绪情感、关注学生与教师之间的情感关联是建立班集体非常重要的内容，这是因为积极的情感是健全人格的一部分。学生如果没有得到爱、包容、尊重、鼓励等正向的情感，就会变得消极、恼怒、与人对抗；学生如果没有化解消极情绪的能力以及寻求教师、父母或同伴帮助的机会，很可能会走向极端。同时，班集体作为学生重要的生活群体，是学生获得交往以及情感接纳的重要途径。在班集体中，学生需要获得安全感、被尊重感、被信任感、被依赖感，有了这些正向的情感，学生才会积极遵守各种规则，把遵守规则看作是对所热爱群体的爱护，进而对规则中的良善变得敏感。班集体有了积极的情感，师生之间、生生之间才会变得包容，教师开展规则教育才能有很好的情感基础。

现实生活中有很多需要我们铭记的教训。如：某中学教师因管理课堂秩序而遭到学生辱骂。随后，教师对该生进行批评时，该生认错态度较差，并多次以粗话反驳。教师一时气愤，打了该生4记耳光，最后教师被学校严格处分。班级里发生这样极端的事情，与学生的抗挫折能力等有一定的关系，但这不能掩盖教师之过。教师之所以对学生采取这样极端的处理方法，一定和教师缺乏与这位学生深切的、积极的情感连接有关；而学生之所以采取极端的方法对待教师，一定和学生没有与教师建立良好的关系有关。如果双方之间没有建立起友爱、关心的情感，单纯的学生管理是表面的，甚至在不断刺激学生对教师负面情绪的产生和积累。除了学校，在家庭中也经常会发生这样一些极端的事件。

相信每一位教师都非常爱自己的学生，相信每一位家长都非常爱自己的孩子。所以，才会有教师对学生或家长对孩子的管教，希望其成为一个“好学生”“好孩子”。但我们不能忽视的是，学生也是有情感、有爱好、有个性的人，我们在管理他们的行为、苦口婆心对他们进行说教的同时，要关注他们的情绪变化。我们应该反思，是否真正了解他们：了解他们喜欢什么，了解他们需要什么，了解他们在困惑什么；我们是否在他们最需要倾诉的时候，能够静心陪伴。

好的关系就是好的教育。好的关系满足了人的包容、支配和情感等最基本的需要，好的关系蕴含了教师对学生好的期待。“如果你心里对每个学生都抱有这种焦虑不安的关切，如果每个学生对你来说不是班级记事簿上的一行字和一个号码，而是一个活生生的人，一个有个性的人，一个独特的人，那你就可以相信，要是学生遇上了糟糕的事，你内心会提醒你该怎么办。这种内心的命令就是见诸行动的善意待人。”[①]

马卡连柯曾说，如果一位教师能够用30多种语速、语调、频率、声响、体态表达同一句话——“孩子，请你过来吧”，那么，还有什么样的孩子不愿意跟他合作呢？与学生建立积极的情感连接是一门艺术，这要求班主任要树立以学生为本的思想，关注学生、了解学生、尊重学生，关注不同学生在班级中每天的情绪情感，通过自己的语言及行为向学生传递积极的情感，通过班级文娱活动与学生建立积极的情感，等等。

案 例

北京邮电大学附属小学陶红梅老师借助“陶老师日记”来加强与学生的沟通以及对班级的管理。在日记中，陶红梅老师通过观察自己班级学生所存在的问题，为自己和学生定下了一个个需要共同实现的小目标：“要是文上课时对我笑，我就挺幸福的；要是宇的作业每次都写得整整齐齐，我就挺幸福的；要是芸每天都来上学，我就挺幸福的；要是乐上课时不回头，我就挺幸福的；要是韩每天交齐作业，我就挺幸福的；要是禹上课不发出怪声，我就挺幸福的；要是骏不磨蹭，我就挺幸福的。今天早上，作业都交齐了，我挺幸福的；今天同学们在学校就写完了作文，我挺幸福的；每天早上，泰把电脑打开，带领同学们早读，我挺幸福的……”为了能够让学生理解并体会到老师的良苦用心，陶红梅老师还请学生为自己的日记画插图，通过互动沟通的形式，帮助学生改掉小毛病和坏习惯，让他们实现自我成长。

渐渐地，学生从一年级升入二年级、三年级，“陶老师日记”也升级为“中级幸福”：“我的中级幸福是这样的——每天全班抓紧时间写作业，每个同学都能大大方方地朗读课文，同学们每天都读课外书，每个人都有不同程度的进步。我还有超级幸福和终极幸福，现在还不能说。”

在学生小学毕业时，“陶老师日记”中则有了“超级幸福”：“博文交到了好朋友，乐乐成为班上上课最准时的孩子……只是，看着你们离去的背影，陶老师既高兴又不舍。”

…………

---

① 苏霍姆林斯基. 给教师的建议［M］. 周蕖，王义高，刘启娴，等，译. 武汉：长江文艺出版社，2014：16.

这就是一位小学教师用情感管理学生的做法，我们通过“陶老师日记”能感受到教师对每个学生浓浓的爱意，借助教师对学生爱的期待帮助学生立言立行。

作为班级的领导者，教师向学生传递怎样的情感也会影响学生之间建立怎样的情感。如果教师向学生传递的是积极的情感，如：关心、关怀、积极的帮助，那么，学生之间建立的自然也是积极的情感；如果教师向学生传递的是消极的情感，如：抱怨、推卸责任、不断追责，那么，学生之间建立的也是这些消极的情感。

而这些消极的情感不仅影响班规等班级制度的执行，也与制度本身包含的积极的情感相违背，最终构建出消极的班级氛围，让班级建设陷入恶性循环。

案例

班内的值日实行“分区管理”，每个学生都在早上按照自己的卫生区进行打扫，只要在规定时间做好自己的卫生区就万事大吉。至于其他非值日期间又不属于自己的管辖范围内的事，学生是没有意识去负责的。针对这个问题，我采取了以下解决办法。

为了加快学生改变的速度，我开始采用“言传身教”的办法。每次走进教室，我不再批评他们，而是不声不响地把地扫干净，擦干净讲台上的粉笔末，整理好桌凳，才开始上课。第二天，我照样如此，只是身边多了几个小帮手。有的学生忍不住了：“老师，我们扫吧。”我笑了笑说：“不，这周老师值日，下周你们来。我们比比谁做的值日最好。”就这样，只要看到哪里不干净，我就认真收拾好，包括卫生工具的摆放、教室门窗的玻璃和黑板擦拭等。慢慢地，越来越多的学生加入主动收拾卫生的行列，班上的卫生收拾得干净，保持得很好。最让我感动的是，现在我一拿起拖把，就有学生抢过去，把地拖得干干净净。

到了四月，已经有一部分学生开始意识到要关心集体了，我不急于实施事先计划好的活动。为了强化学生关心集体的意识，以点带面，我开始充当“班级精彩瞬间的摄影师”，我总是及时拍下学生们为集体做事的身影，然后将他们的照片冲印出来，张贴在班级的展示栏中，并命名为“眼中的精彩”，被拍到的学生更加积极了，那些没有被拍到的学生也开始有一些小小的行动，我积极地捕捉着。但是新的问题又出现了，有一些学生开始在班级内散布言论："都是一群假积极，谁稀罕那些破照片，为了一张照片，累不累呀！"我发现有些学生开始不好意思了，即使想做也不敢了，怕自己成了"假积极"。

面对这个局面，我又生气又困惑，开始静下心来认真思考解决方法。我明察暗访，找出那些散布谣言的"小破坏分子"，结果在我的意料之中，其中主要有两名学生：李同学和曹同学，他们都是平时做值日就不积极的，不是迟到，就是做不干净，总是被卫生委员批评的对象。我也反思自己，在这个过程中也存在问题，事情做得有点急，表扬的力度过大，忽略很多学生的感受。每天被表扬的都是那些爱劳动的孩子，其实他们也有很多其他问题，但是因为爱劳动都被忽略不计了；反之，像李同学和曹同学，他们身上也有很多优点，每天也有值得表扬的地方，恰恰也被我忽略了，这样时间一长，学生难免会有抵触情绪。实际上他们是缺少老师的关注和鼓励。他们这样做，也许更多的是为了引起老师的注意，发泄内心的不满。

我开始有意识地表扬那些散布消极言论的孩子，积极引导，告诉他们，如果能够积极为集体做事情，他们会变得更优秀；同时，我告诫那些喜欢劳动的孩子：第一，认为对的事情一定要坚持做，不要在乎别人怎么看，只有坚持自己的人才能有所作为；第二，努力改掉坏习惯，让自己更优秀。

后来，我带领孩子们先后开展"纸上站兵""拔河比赛"等小型班级活动，并通过活动引导学生围绕"怎样才能获得胜利"展开讨论，进而引导学生对近期班级内的"假积极"和"爱集体"进行有针对性的讨论。

慢慢地，班级里没有再出现类似的言论，孩子们自然地在为集体做着事情。

（北京市海淀区教师进修学校附属实验小学　杜春焕）

在这个案例中，班主任尝试用榜样示范、正向行为强化等方式帮助学生养成好的习惯，形成积极的班级氛围。这些办法都非常好，但班主任在实施过程中，更多关注期望达到的效果，而忽略对个别"破坏分子"的情感关注和沟通。这些"破坏分子"在大家积极投入班级建设的过程中，感受更多的是其他同学对自己的"忽视"，而这个时候班主任又没有关注到恰恰需要关注的个别学生，于是这些学生就出现了“酸葡萄”心理，“故意”与教师作对。为此，在后续的班级建设中，班主任改变了策略，注重加强团队建设，进而赢得了每位学生的认可。

案　例

某初一班级施行自主管理，每位学生都有自己的岗位，并且都是自选的，每隔一段时间岗位轮选。但是，班主任发现，除了班长、英语课代表等几个岗位的执行效果令人满意外，大部分岗位的执行效果并不好，为此，班主任召开班会与学生分析原因。当问到为什么岗位的执行效果不好时，有一位学生回答：“因为很辛苦，比如我的岗位是放学后检查所有同学的椅子是否都放在桌子上。可是，放学后总有几位同学很晚才走，我就不能等到所有人离校之后才检查。”在这个学生表达此观点后，其他同学立马说：“这种想法是不对的。如果你觉得有困难、很辛苦，那么，你当初为什么要选择这个岗位？”这位同学的表达看似值得表扬，是有责任感的表现，是对自己岗位负责的表现。但让人感觉缺少了人情味，缺少了人与人之间的彼此理解。而经常晚走的同学对于承担“检查桌椅”这个岗位的同学也没有任何的歉意或补台的自觉，这本身就是过着“不道德”的生活，培养不出道德的人。

这个回答其实是学生真实情况的反映，同时这个回答也为同学们讨论责任与权利、个人利益与他人利益及互帮互助、站在他人角度考虑问题等价值观提供了很好的素材。此时，教师可以引导学生去思考“面对这位学生的困惑，大家可以如何帮助他解决？晚走的学生是否可以自动临时承担这个职责？”，进而提高学生随时补台、互帮互助、重视集体利益的意识。这样的引导就避免管理至上的思维，是站在人的视角，让学生面对规则能有人情味。

案　例

龚老师在两个不同班级授课，感受到不同管理风格下的学生氛围。

“工笔”班，课间几乎没有大声喧哗、跑跳打闹的现象；大课间站队永远最快最直；卫生评比从来都是年级第一；学生仪表更是标准得和校规一样，什么长指甲、没拉链的校服，都是“别人家班级”的事情。每个科任老师都喜欢在这样的班级上课，没有说闲话、搞小动作、溜号、顶撞老师的，一节课下来，教师们尽情发挥，心情舒畅。

而“写意”班，年级里最古灵精怪、最调皮捣蛋、最善侃、最会耍小聪明、最把老师当朋友、最没大没小的学生，似乎都神奇地集中在了这里。于是整个班级呈现出一种“百花齐放、百家争鸣”的“绚丽”场面：平日里总有人偷偷戴个小首饰什么的，在政教检查时麻利地摘下来；课间走廊里总是闹成一团、笑成一片；课间操时的队伍总是歪歪扭扭的；上课时跟老师抢着说话，问这问那，一言不合就跟老师倔起来没完，再不就前后桌三五个扎堆讨论，气得科任老师去找班主任告状。

…………

有一天，“工笔”班打扫卫生区的值日生请假没来上学，结果卫生区没扫导致班级被扣了分。班主任批评了组长，并取消他们小组本月评优的资格。组长委屈得直掉眼泪，下课后我悄悄问她为什么哭，她说每个人都有自己负责的卫生工作。我说，“谁干完了过去帮个忙呗”。组长又抹眼泪：“班规要求值日生做完自己的任务要立刻回到座位上自习。”我明白了班主任的用心，一是尽量减少值日对学习的耽误，二是防止有人懒惰只等别人帮忙。可以说，这样的班规，初衷是好的，但少了变通，以至于“工笔”班这样一座大钟，只要一个零件出现问题，就面临着停摆的危机。

反观“写意”班。秋季运动会上，班主任问：“什么情况？”孩子们笑答：“飞人高烧，‘木兰’替姐从军！”实话实说，“木兰”跑得太慢了，还剩大半圈时，人家第一名已经到达了终点。班级两个男生冲上跑道，一路陪着“木兰”跑到终点。当两个男生把“木兰”当英雄一样地搀扶着回到班级座位区时，全班呐喊欢呼，给她倒水、擦汗、捶腿……不知道的还以为“木兰”得了冠军呢。

再看旁边的“工笔”班。全班坐成标准的矩形，横平竖直，人人一顶遮阳帽，但凡有运动员从他们班级区域前面经过，手中的小国旗就随着全班的

"加油"声有节奏地摇摆，然后放下，停声，周而复始。运动会结束，大会颁发"班级精神文明奖"时，"工笔"班榜上有名。

（摘编自巩利群《班级管理中的"工笔"与"写意"》，载于《班主任》）

案例

某班级管理制度如下：

1. 按照成绩把学生分成4档，每个小组尽量保证每档有一人。每周积分最高的小组不做值日，减少作业。

2. 组长为自愿申请，但必须主动提高学习成绩，并且有责任心。

3. 组员采用自愿结合的原则。由于课堂表现以及考试成绩都与小组绑定，因此，组长选定组员时更加慎重。

4. 小组分数每节课统计，一周一公布，一月一总结。优秀小组获得加分和物质奖励，并有权对表现较差的小组提出表演节目的要求。

在上述案例中，班主任在班级管理上各有各的策略，倡导人人有分工，并且有奖有罚，但在班级里呈现出的班级氛围却并不令人满意。其最根本的原因是班级里缺少人情味，人情味淡薄，班级管理、班级制度功利化，在班规的执行过程中往往注重的是严格的标准以及外在的强制性，而情感的作用却经常被忽视。班主任的目标是学生得高分、集体有秩序，而恰恰忽略学生最丰富的情感世界，冰冷的管理制度使人失去人与人之间最温暖的情感。

当学生同别人由于相互有义务、相互爱慕、相互尊重和相互关心而联系在一起时，当学生愿意把自己的心灵贡献一点先给别人的时候，这个班集体的情感基础和道德基础就建立了。

学生不仅用理智来认识世界，而且用心灵来认识世界。班集体重要的基础之一是情感基础。在教室里，首先，每个学生的情感应是健康的，他的心理应是安全的、积极的、愿意与人交流的；其次，每个学生的情感应是向外敞开的，愿意接纳别人的情绪、愿意与人交往；最后，每个学生都有感受别人情绪的能力，能急别人所急，想别人所想。

当下的学生在大人的精心呵护下，很少能体验到消极情绪，同时他们缺少邻里同伴间深层次的、日常性的交往，所以也很少有丰富的情感体验，尤其是在日常纷争中产生的悲伤、挫折、不被理解、不被接纳等消极情绪的体验。我们当然鼓励给学生更多的积极情绪体验，但几乎没有消极情绪体验的学生很难产生同情心和同理心。

因此，我们在学校里经常会看到这样的场景：当同伴受到惩罚时，有的学生第一反应会是“活该”；当同伴被同学欺负时，有的学生第一反应会是“关我什么事”。我们最怕的是培养出一批情感冷漠的人。由于没有丰富的情感，学生的认知世界也是缺失的，因为他的一切认知都是从“我”出发，而不能用敏感的心去关怀周围世界，关怀周围的人以及人所创造的一切。教师要引导学生不仅从获取中感知快乐，而且也要从给予中感知快乐。

班级的有序生活离不开情感的支撑。很多对制度、规则“不过敏”的学生恰恰都是由于缺少教师和同学对他们的关爱。而改变这些学生最根本的方法也是给予他们关心和信任，激发他们的积极情绪情感，让他们在班级中找到爱与被爱的感觉，进而才能改变他们的行为。只有被爱浸润的规则才是有教育意义的规则，只有被爱浸润的规则才能持久地发挥教育作用。

在班规实施过程中，除了班规内容要体现以学生为本以及对学生的关怀外，也要体现教师对学生的关怀。教师除了让学生敬畏规则之外，也要敬畏每一个有情感的个体，让所有学生在班级中享受应有的开心、快乐、尊严。教师除了注重班规的人文性之外，也要从整体班级文化建设的角度考虑人文性。

“在一个集体内，心目中有别人的这种情感发展得越强烈，每个人给他的同伴带来的精神财富越多，每个人在别人面前所表现的内心美越鲜明，这种内心美在造福大家的共同劳动中被认识得越充分，那么，这个集体就越是能真正关心其每个成员的命运，影响人与人之间的相互关系，力求使这种关系成为人道主义的关系，并对‘我想干什么就干什么’的放肆横行态度表现出高度的共产主义原则性，要求严格，毫不妥协。”“要尽力使集体对个人的每项要求同时又是集体对个人的关怀与爱护这种相互关系的准则成为集体自主活动的基础。……其中表现出对人的严格要求与对人的关怀是协调一致的。”[1]

我们看苏霍姆林斯基实施班规的一个案例。

案 例

班集体（从四年级开始）每一学期选出一名学生作为老师的助手，负责登记考勤和完成家庭作业的情况。每个学生一到教室，就向老师的这位助手报告是否完成了作业，若未完成，要说明原因。这位助手把检查家庭作业的情况加以总结，然后向老师汇报，如：有三个同学没理解题目的要求，一个同学不会做算术四则运算题。老师在每个班里都有一个他所教课程的辅导员（也可以有几个）。这个辅导员是学习最好的学生，他通常走在教学大纲的前面，其知识面比成绩优秀的学生还广得多。老师听完助手汇报家庭作业的完成情况后，就立即委托辅导员：请帮助某些同学学习，向他们讲解某些问题，完成某件实际工作。必要时，老师也亲自补课。给学生补课和辅导工作是在上课前进行，课后不做任何补课。要让所有的学生放学后立刻回家，不要留下任何学生补课。谁愿意补课就在上课之前来补。由于学校的全部工作贯穿着相互信任的精神，并把学习建立在尊重人的基础上，所以每个人都能做到首先对自己严格要求，需要帮助的学生就来补课或听辅导。

（摘编自苏霍姆林斯基《给教师的建议》）

这个案例给了我们一个启示：虽然每个班级必须有一定的班级规则，以保证班级良性、有序运作，但我们应该始终明白教育的最终目的是服务于学生的成长。面对学生出现的与集体期望不符的行为，集体的情感首先不应该是排斥的、厌恶的，而是同情的、给予帮助的。教师应在班级营造积极的班级氛围，这种氛围是对每一个学生的关心和爱护，要对处于困境中的学生保持同情心，要有一种积极向美的感情，全体学生都希望成为拥有美好道德、摒弃缺点的人。

良好的师生、生生关系就像齿轮上的润滑剂一样，没有润滑剂，再整齐的齿轮也没有办法运转，勉强运转也会发出不和谐的嘎吱声；如果有润滑剂，那么齿轮就会

① 苏霍姆林斯基. 给教师的建议［M］. 周蕖，王义高，刘启娴，等，译. 武汉：长江文艺出版社，2014：256.

和谐地运作，甚至让人感觉不到那些规则的存在。正如有的班主任所说，刚刚带班的时候，着急上火，天天看着学生，学生还是时时刻刻捣乱，不得安宁，后来老班主任给他出主意，说每天要找个学生聊聊“闲话”，哪怕是衣着、服饰、精神气、上课情况、小区住所之类。因此，每个月班里每个学生都轮流与老师“聊过”，或者是楼道里，或者是教室里，或者是课间，或者是放学路上。班主任真的发现班级氛围一下子变好了，学生慢慢变“乖”了。其实，这个案例背后就说明关系、情感在班级管理中的作用。正如很多“厉害”的班主任接手“乱班”时首要的举措都是先攻心后攻行，也就是先解决学生对老师的对立情绪，思想站在一条线上了，再谈立规矩的问题。

第六章

用奖励助推班规的落实

当学生因为生产上、品德上和生活方面的各种成绩而受奖的时候，有这样三级的奖励办法：奖品、奖金和最高的奖励。最高的奖励就是以命令的形式当众宣布嘉奖。当众宣布嘉奖并没有任何的奖品或其他物质上的奖励……这种最高的奖励，只有富有情感、有高尚的道德品质和自尊自爱的集体才可能得到。但是，争取这种奖励是可以的，而要从这种奖励开始却是不行的。①

——马卡连柯

① 马卡连柯. 马卡连柯教育文集：下卷［M］. 吴式颖，等，编. 北京：人民教育出版社，1985：52-53.

教育的终极目的在于使学生服从道德律，从内心认可并自主、自愿遵从道德准则，而不掺杂任何功利、利益之想法。但对于成长中的学生来说，其往往不能自然服从道德准则，反而会因为一些道德准则限制了其自由而反抗。虽然学校的作用是通过教育使学生认识道德对于人的重要性，道德律是人的最高理想，但学生形成相应的道德认知、道德情感、道德意志和道德规范是复杂而长期的过程。因此，教师会采取一些外在的措施，如奖惩，利用人趋利避害之本性帮助其形成道德习惯。

在班级里，班主任经常会用到奖励。尤其是在养成学生行为规则、建立班级制度体系的过程中，奖励更是必不可少的工具。正如马卡连柯所言："当一个好的教师能够同时应用诱导、督促、威吓和要求时，是可以发现每一种情况下的许多详细细节和细微活动的。"[①]奖励看似简单，教师也经常有意无意地用到奖励。但当班主任把"奖励"当作一门艺术来看待的时候，当班主任把奖励与每一位学生、每一件事情、每一个教育情境联系起来的时候，奖励就变得不那么简单了。教师会问：要不要奖励？奖励什么？如何奖励？什么时候奖励？奖励对谁有好处、对谁有弊端？如何用好奖励帮助学生建立起良好的行为习惯？如何用好奖励活跃班级氛围？这是本章要讨论的主题。

一、学生为什么需要奖励

一是学生需要形象的激励。对于青少年，尤其是中小学生来说，理性思考和判断能力还未形成，所以形象的、活泼的、带有情感色彩的奖励方式对于学生行为管理来说更为有效。教师通过一些奖励方式给予学生正向的、愉悦的心理刺激，同时奖励的方式也给学生提供了形象的榜样人物。如：会倾听的学生得到表扬，那么这个学生就会成为很多同学学习的榜样。教师通过奖励的方式时刻树立榜样，以给学生正向的刺激。

① 马卡连柯. 马卡连柯教育文集：下卷［M］. 吴式颖，等，编. 北京：人民教育出版社，1985：53.

二是刺激学生好行为的不断练习。“即使是学生正当的行为，若不经过反复练习，便不足使偶然的良好表现转化为良好的行为习惯，并在这个过程中陶冶情操，从而形成稳定的道德品质。”[①]教师通过奖励举措，以或暗示或明示的方式告诉学生哪些好的行为是被鼓励的，哪些不好的行为是不被鼓励的，得到奖励的学生就会不断重复好的行为，而好的行为在不断重复练习下就会形成好的习惯。

三是活跃班级氛围。一般情况下，教师仅把奖励看作是管理班级的一种手段，学生表现出好的行为就给予奖励，没有表现出好的行为就不给予奖励，甚至表现出不符合班级期望的行为就给予惩戒，这仅仅是从管理学的角度来看待奖励。其实，教师也可以站在人本主义视角、文化建设的角度来看待奖励。有时候，好的奖励方法可以活跃班级氛围、提高教师幽默感，进而增进师生感情。

二、班级奖励类型

（一）言语奖励

言语奖励是一种最经济的奖励方法，也是教师常用的一种奖励方式，是在学生表现出好的行为后教师给予的口头或书面的表扬。如：口头表扬“你真认真”“你真会帮助别人”，或者借助学校广播站表扬学生；给学生写表扬信、给被表扬学生写表扬词张贴在教室里、给家长写喜报，包括教师给学生写巧妙的学期评语都可以算是言语奖励。

教师在运用言语奖励时，不能笼统地表扬，而要指出被表扬学生值得表扬的行为，尤其是对于低年级学生来讲，指出值得表扬的行为才能引起学生的关注和学习，如：表扬其字迹清晰、表扬其认真倾听、表扬其帮助同学；对于高年级学生来讲，不仅要指出学生值得表扬的行为，还要指出行为背后值得赞美的品德，这样的言语奖励不是停留在让学生习得一系列外在的行为规范、形成纪律意识上，而是让学生认识到好的行为也会给他人和自己带来更多的快乐，是一种“善”的行为，使学生把纪律规范上升为道德规范，把合乎外在规范的行为作为自己的主动义务去实施。

如：有的教师把“表扬”改为“感谢”，当一个男孩去保护班里一位随班就读学生时，教师就会说：“感谢某某同学，感谢你对某某的保护，感谢你给班里带来的正

① 陈桂生. “学生行为管理”引论［J］. 华东师范大学学报（教育科学版），2007（1）：1-11.

能量！”相比于“表扬某某同学”来说，“感谢”表达了师生之间的平等关系而不是评判者与被评判者之间上下级的关系，“感谢”表达了教师期待的积极价值取向和价值行为，“感谢”也帮助师生之间、生生之间建立良好的情感连接。

（二）物质奖励

物质奖励有如本子、笔、书籍或其他有纪念意义的物品等。物质奖励在小学阶段尤其是低年级阶段用得比较多，因为物质奖励有可直觉、可感知、可个人拥有等特点，所以最容易调动学生尤其是低年级学生的积极性。

在物质奖励中，用什么物品、谁来提供物品、物品被赋予什么意义都值得教师思考。

在教室里，教师常用的方法是学生积攒小红花或奖票，然后兑换物质奖品。然而，小奖品也可以“玩”出大精彩。我们可以把奖品分为以下类型。

一是购买的奖品与自制的奖品。相比本子、笔、橡皮等购买的奖品，有些教师发挥自己的特长自制的奖品，像小饰品、多肉植物、小饼干等对学生更有意义，学生会更加珍惜。如，北京石油学院附属小学班主任刘娜老师利用班级自留地种植蔬菜，以此作为给学生的奖品，并且赋予每种蔬菜相应的意义：西红柿寓意“红状元”、葱寓意“聪明”、芹菜寓意“勤奋好学”、两个鸡蛋寓意“100分”、黄瓜寓意“顶呱呱”、红豆寓意“大展宏图”、菜花寓意“笔下生花”、龙眼寓意“七窍生智”。

二是“纯粹”的奖品与和学生“匹配”的奖品。所谓“纯粹”的奖品，就是奖励学生好行为的物品，如：学生表现好，就奖励其一支笔、一个本子。在学生眼里，这个奖品只是奖励“我”对应的某个行为。与学生“匹配”的奖品，是指教师在奖励学生时，会考虑这个奖品给学生带来的进一步激励，如：奖励帮助同学的学生一本关于美德的书，奖励运动健将一根跳绳。这样的奖品不仅奖励学生已经表现出来的好行为，也鼓励学生把良好的行为坚持下去，净化学生的心灵。同时，也能让学生感受到教师对他的了解和认可。

三是明确的奖品和神秘的奖品。明确的奖品即师生都已经知道的奖品，而神秘的奖品是学生不知道教师会奖励自己什么奖品，奖品有一定的神秘性，故每次奖品都会给学生带来期待。如：有学科教师擅长画画，班主任邀请学科教师为每位同学画一幅简笔头像画作为对学生一学期奋斗的奖励。

四是班主任给予的奖品与不同的人给予的奖品。奖品不一定是由班主任颁发，还可以由学科老师、家长、年级组长甚至校长颁发。班主任可以借机组成教育共同体，既使各个群体之间加强沟通、加深感情，还可以使班级奖品更有意义。班主任可以根据实际情况，由不同的人提供奖品（奖品可以由班主任准备，也可以由相关人员准备），奖品上可以设计赠言。这种方式不仅奖励了学生，还调动了所有相关群体参与班级建设。

（三）角色奖励

角色奖励是教师把班级管理和建设中的一些角色作为奖励。这些角色包括帮教师收发东西的助手，放学举路牌的志愿者，活动主持人，教师家访陪同人员，等等。

如：一位班主任的做法是在班会活动中有一些角色需要学生参与，看到很多孩子都特别积极，教师不指定谁来参与。为公平起见，班主任让大家推荐纪律进步最大的同学来享受优先选择角色的权利。角色奖励会让学生“倍感荣幸”，因为每一种角色是需要相应能力的，教师奖励一种角色，也意味着教师对学生相应能力的认可。

（四）活动奖励

把班级活动作为奖励措施。这些活动可以是看电影、做游戏、参观博物馆、参加体育运动、讲故事、做实验、参加班级辩论赛、举行班级联欢等。活动本身是学生感兴趣的事情，同时借助活动也能提高班级凝聚力。

如：某班主任的做法是学生答对问题可以得到一枚书签或者一颗小星星。选择小星星的学生要把小星星放到讲桌上的一个透明的大罐子里，当学生共同将罐子里的星星集满，教师就带领学生开一个庆祝联欢会。

在这个案例中，教师不仅把活动作为一种奖励措施，而且还鼓励学生不仅从自己收获的角度来看待奖品，而且从班集体的角度关注个人的积极行为，每位学生都可以为集体发展做出自己应有的贡献，从而提高每位学生的班级荣誉感。

活动奖励最好是集体性的，让全体学生参加。教师带着学生组织集体活动，不仅是对全体学生的奖励，并且活动可以进一步促进班级文化的建设，促进师生关系、生生关系的建设。

（五）荣誉奖励

荣誉奖励也是班主任经常用的一种方法。这些荣誉可以是“文明礼仪小标兵”“学习之星”“爱心之星”“读书小能手”“卫生小标兵”。班主任在设计荣誉奖励时，要从多元智能角度，看到每位学生的优点，使每位学生都能找到自己的努力点；同时，荣誉设计可以与班级目标相结合，从班级建设的角度整体规划荣誉奖励，如此会使荣誉奖励促进学生品质以及班级文化的形成。

案 例

班级年度人物评选

第一步，确立奖项，制定标准。在充分征求学生意见的基础上，根据班级实际情况，确定了能够凸显班级正能量的六个奖项及其称号和评选标准。

乐于助人奖，称号“班级暖手宝”：虽无悬壶济世功，心肠亦可暖人间。

动手能力奖，称号“班级巧巧手”：手比鲁班夺天工，心似月英木化龙。

品行端正奖，称号“班级向日葵”：欲比芙蓉尚觉浅，以己之身彩人间。

运动强人奖，称号“班级闪电侠”：人动似电身形幻，风过无影始觉寒。

文艺积极奖，称号“班级绿思达（new star）”：华灯早灭星未湮，点点银光亮天边。

人际良好奖，称号“班级开心果”：堂前初过新识客，庭下茶香见旧颜。

第二步，提名奖项候选人。每个学生都可以提名别的同学，也可以被其他同学提名，要写出100字左右的提名理由，交给班委会。

第三步，全员参与，民主评选。每个奖项评选出2名获奖学生，最终共有12名学生入选。

第四步，精心设计奖品和颁奖词。

第五步，举行隆重的颁奖典礼。

班会上，由班长主持颁奖典礼。班长朗读颁奖词，班主任负责给每位获奖学生颁发奖杯，并且合影留念。

第六步，家长反馈，形成教育合力。

（摘编自彭祎昀《班级年度人物评选——期末评优新尝试》，载于《班主任》）

（六）“特权”奖励

所谓“特权”，并不是一味地特殊化，而是指学生一般情况下不会获得的奖励。“特权”奖励让学生对奖励充满好奇。因此，要求教师对奖励内容要有设计、注重仪式感，让学生感到好玩、有趣，而不是仅看重“特权”。为班级挑选一起观看的电影、写一封表扬信给家长、与教师一起用餐等都可以成为“特权”奖励的内容。

如：某班主任的做法是每周五下午的班会课，班主任准备“红包”，根据班里学习部、生活部、纪律部、文艺部、宣传部、体育部、礼仪部七个部门的监督和管理记录，评选出优秀学习小组，这些小组的组员便可以参加“抢红包”活动。“红包特权”包括给老师推荐一本书读给大家听、当老师的小秘书、当一周部长、与喜欢的同学做同桌、挑选午餐音乐等。

当然，以上奖励方法可以奖励个人，也可以奖励小组、奖励集体。为了培养集体，建议教师尽可能设计集体奖励，以培养学生的集体荣誉感。

三、奖励背后的学生心理

（一）追求教师的认可

对学生实施奖励的目的是强化学生好的行为，帮助他们养成良好的行为习惯，最终达到学生不需要奖励也有好的行为的目的。对于学生来讲，他们大部分时候并不是看重奖励，尤其当奖励是外在的奖品时，相反，他们更希望得到教师的关注和认可。因此，教师在实施奖励时，要看到每个孩子内心的需求。

按照科尔伯格儿童道德发展理论来讲，小学低年级学生处于“好孩子”（取悦）阶段，学生时刻希望得到教师的表扬和肯定，教师的表扬能够使他们获得巨大的满足感和自豪感。他们会把“老师表扬我了”时刻挂在嘴边或者告诉周边的同伴或者家人，教师的奖励满足了学生被爱和被关注的需要，所以低年级的教师不要吝啬表扬，要看到所有孩子的优点，通过表扬给予学生正强化。

因为低年级学生处于形象思维阶段和“理性睡眠”期，比较容易受到直观形象的物品和教师直接情感的影响，所以，小红花、小物品等物质奖励以及“你真棒”“我们来夸夸你”等语言奖励都能对学生产生积极的正向鼓励作用。

（二）追求同伴的认可

从小学三年级开始，学生开始有朋友、同伴意识，开始建立自己的社交圈，开始关注同伴对自己的认可。因此，这个时期，教师在评价和奖励学生时，要善于发挥同伴或集体的力量，用同伴影响同伴、用集体影响个人。

为此，教师在奖励学生的时候，要更多地进行当众奖励，让全班甚至更大群体的学生了解被表扬的学生以及被表扬的品质；教师要尽量让表扬有仪式感，通过庄重、隆重的仪式，增强学生的荣誉感，如：教师设计的“走红地毯”“宣读表彰词”等活动都有很好的仪式感。

这也是班主任之所以要建设班集体的重要因素，奖励不是只有教师才有的权利。当学生自主管理能力形成以后，当学生具备行使民主权利的能力以后，当学生组织有权威以后，学生会、学生干部、小组长、课代表等都可以享有奖励同伴的权利。当班级健康的舆论形成之后，学生相互教育和影响的局面也会逐渐形成。

（三）追求自我的认可

马斯洛认为，人的自我价值的思想是人最高级的心理需要。每个学生都是独特的，教师要善于挖掘每个学生的独特个性，也要让学生认识到自己的独特性，进而明确自己的发展目标。因此，教师在设计奖励内容和奖励方法时，也要尽可能突出不一样，让学生感受到教师对自己“不一样”的待遇，这种“不一样”既可以让学生感受到教师给予自己不一样的独特关注和认可，也可以给学生带来不一样的神秘感，使学生对每天的班级生活都充满好奇。因此，随着学生年龄的增长，教师给予学生的奖励不再追求数量，而要追求质量。

如：北京育英学校刘向娟老师邀请表现优秀的学生与她一起进行家访（在征得被访学生同意的基础上），参与家访的学生设计家访路线，进行家访记录、拍照，以及向家长进行人物介绍。这种做法可以缓解家访严肃、单调的气氛，还可以增进同学之间的情感，也可以锻炼学生的交往能力，等等。而被邀请参加家访的学生也认为这是一种莫大的荣誉，也在参与过程中增强了责任担当意识。据此可知，学生参与家访不仅是一个奖励，更是一次成长的历练和体悟。

奖励的最终目的是激发学生的内在学习动力，使学生把外在动机转变为内在动机。随着学生年龄的增长，学生对外在奖励的兴趣会逐渐变弱，因此，教师也应随着学生年龄的增长或者学生行为习惯的养成而消减外在奖励，尤其是物质奖励等，而转变为精神奖励，即对成为什么人、如何成为有德的人的讨论和引导。

学生积极性的源泉在于学生内部的需要，学生由于需要而产生趋向目标的行动。学生不仅需要物质的满足，还需要他人的肯定，从他人肯定中获得满足感以及满足精神需要。学生有各种不同的需要，因此也就需要不同的奖励方式。教师要了解学生有哪些需要，进而在调查研究的基础上实行奖励。也就是说，教师要根据学生的年龄、兴趣、个性和所处情境等情况，采取不同的奖励办法。

（四）追求事情的意义

随着学生年龄的增长，学生逐渐从“好孩子”阶段发展到“自我”阶段，他们开始追求自己的想法，按照自己的想法行事，不再“追随”教师。他们在做事情的时候，会思考我为什么要去做这件事情。因此，教师在奖励学生的时候，就不能只停留在“用自己的权威形象”给予学生奖励，而要在给予学生奖励的同时，让学生认识奖励背后的意义，即引导学生认识到为什么这个行为值得表扬和奖励，让学生从对外在行为的重视发展到对道德价值的重视。

如：教师在每学期末会奖励学生，不仅要奖励取得好成绩的学生，还要奖励取得进步大的学生，更要奖励特别勤奋的学生以及助人为乐的学生等，教师这样做的目的就是要引导学生认识到勤奋、踏实、有责任感才是一个人最重要的品质。奖励的指向不仅是成功的结果，而且是获得成功的过程，即过程中表现出的动机、态度、方式、意志力等。“表彰信”“表彰词”“喜报”等就是用文字形式来表达奖励背后的价值与意义。

四、奖励中的“八要”

（一）奖励要突出快乐、好玩

奖励本身是通过积极刺激使学生保持良好的行为，因此，奖励的本意是带给学生快乐。对于中小学生来讲，学生并不在乎奖励的内容，而是在乎奖励背后教师的认可。因此，为了更好地发挥奖励的效用，让奖励本身变得好玩起来就很重要。如：奖励学生喜欢的图章、奖励老师制作的手工艺品或美食、奖励一个师生击掌。

（二）奖励要突出新奇、出其不意

如果教师长期用一种奖励方法，或者把奖励常规化，时间久了，学生就会感觉没有新意、产生视觉疲劳，对教师的奖励不感兴趣了。因为奖励本身就是对学生内在动力的激发，让学生体验成长的意义和学习的意义，所以，奖励也要出其不意，把奖励变成班级文化或班级氛围的一部分，让学生对班级生活充满期待，对教师教育教学行为充满期待。如：如果今天每位同学都表现棒棒的，教师给大家表演一个节目，或教师和某位学生一起表演一个节目，或与教师约定周末一起去博物馆参观，等等。这些出其不意的奖励方式会让学生感觉到教师和教室都非常好玩和有意思，让学生在有意思中体会成长的意义。

（三）奖励要突出选择性

选择性中也蕴含着出其不意，给学生选择和探索的空间。同时，每个学生的特点不同，有的学生在意物质奖励，有的学生在意精神奖励，有的同学在意活动奖励，等等。因此，奖励要给学生选择的空间，让学生选择自己喜欢的奖励措施。奖励方式也可以让学生选择，是私下奖励还是公开奖励，是当场奖励还是事后奖励。如：有的教师让学生投票选出各种奖励方式，然后采用旋转轮的形式决定奖励方式，也是学生特别喜欢的一种方式。同时，这样的奖励方式也就演变成了一种好玩的班级活动。

（四）奖励要符合学生心理

学生积极性的源泉在于其内部的需要，学生由于需要而产生趋向目标的行动。美国著名心理学家马斯洛对需求进行了分类，把人的需求分为五个层次：生理的需求、安全的需求、爱与归属的需求、尊重的需求、自我实现的需求。人有各种不同的需求，因此也就需要不同的奖励方式，教师要了解学生有哪些需求，在调查研究的基础上实行奖励。也就是说，教师要研究学生不同的需求、不同的兴趣、不同的个性等情况，进而采取不同的奖励办法。同时，教师也要根据不同年龄阶段学生的特点采取不同的奖励方式，如：对低年级学生可以多用形象的物质奖励，对高年级学生则可以用活动奖励、精神奖励、角色奖励等。

（五）奖励要多集体奖励

教师可以给个体奖励，以激励个体更好地成长；教师还可以给集体奖励，以提高班级凝聚力。如：教师可以让每个学生往星星收集瓶里积攒星星，等瓶子集满时，就可以开展一次集体活动；教师可以给每个学生设计一个攀登梯，每个攀登梯有10个台阶，等所有学生都登到第10个台阶时就开展一次集体活动。这样的奖励方式，对每个学生都是一种激励，因为班级活动奖励中有每个学生的努力，同时，活动是学生最喜欢的教育方式，在活动中可以更好地发挥育人功能。

在此，教师要注意：有助于培养班级凝聚力、提升班级精神、适合全体学生参加的活动等都应该采用集体奖励的方式。如：外出游玩活动、去教师家用餐活动、奖励教师制作的蛋糕之类的活动，都适合对班级整体的奖励。

（六）奖励要突出教育性

在设置评价标准的时候，教师要进行分层处理，即设置分层评判标准。教师可以给平时表现良好的学生设立稍高一点的标准，而给平时各方面表现困难的学生稍微降低一点标准。同时，在对学生奖励时，教师要做好引导。如：要看到每位学生的优点，要学会对优秀品质进行赞美，等等。教师在奖励时，也可以直接表达对学生优良品质的表扬、对学生进步的表扬、对学生个性特质的表扬。

（七）奖励要适度

奖励的最终目的是教师不给予奖励后，学生依然有好的行为。因为奖励始终是外部动力，奖励最终需要激发学生的内部动机。所以，在刚开始建班或者学生处于低学段时，奖励可以多一点。但随着时间的推移，奖励就要逐渐减少，并且奖励制度不要制定得特别复杂，或者把奖励单纯制度化。否则，奖励就失去了很多本该有教育魅力的地方，变成了纯粹的管理制度。同时，一些创造性的工作、集体合作的工作等需要学生静心聚力去做的事情要慎用奖励。

（八）奖励要以学生的进步和发展为根本指向

当教师所设的奖励对学生的行为没有改善和激励作用时，说明奖励的类型或强度需要改善；如果绝大多数学生仅仅关注奖励本身，甚至达到斤斤计较的程度，那么就说明奖励的强度过高，同样需要调整。不管是对个体的奖励还是对班集体的奖励，教师要始终以是否有利于学生的成长与进步为根本指向和判断标准。如：当挑选座位的方式对被换座位的学生有消极影响时，那么，这种奖励方式就需要改进。

五、奖励中的“八不要”

案 例

早读走进教室，见小史（五年级学生）趴在桌上，整个早读都是一副有气无力的样子。下课我把他叫到办公室，问他发生了什么事情，他低头不说。一会儿眼泪便流下来，我轻拍他的肩，顺势拥抱他。他默默哭了一会儿，支支吾吾道：“我同桌不要我了，他去和喜欢的同学坐了！”听他这么一说，我才恍然大悟：他的同桌小董，因为受到奖励，自主选择今天想要的同桌。我心里顿时咯噔一下，自己对学生的一个奖励措施，自以为非常到位，可此刻发现竟让小史受委屈了。

我问：“噢，你难过是因为觉得你同桌不要你了，你为什么这么想？说给老师听听。”哭过后的小史，心情顺畅许多了，他抹了抹眼泪道：“小董通过努力拿到了奖励卡，他可以自由换座位，这个我觉得没有不对，但是把另外一个同学换过来，我愿不愿意坐，我觉得就要经过我的同意。”

我一听很有道理，连忙点头：“哦，对哦，是没有问过你，没有征求你的意见，那你同意吗？”小史摇摇头：“我当然不同意，因为他（小袁）好动，影响我了。”我郑重说道：“你说的有道理，方老师忽略了，那我们下节课讨论一下，怎么样能够更好地换位置，你要帮老师想想改进方法。不要难过了。”

小史不停地点头，脸上的愁云也散去了。

小史的事件真的点醒了我，这样看来，这换座位的奖励项目（通过一周的努力，在各个方面积分达到50分，就奖励一次抽奖的机会，其中就有换座位这个奖励项目）确实存在问题，我自己还真没有特别关注过。

小史的情绪反应中，我发现这不是一个单纯的奖励，因为还牵涉到另外的3位同学。A因为得了奖励要跟C坐，那就意味着A、C原来的同桌B、D将在这次A的奖励中安排成同桌，如果B、D都愿意，那没问题，但是如果有一方不愿意，那无形中对B、D造成一种伤害，并且很容易滋生矛盾。

第一节语文课，我临时把它改成了班会课，让学生围绕“换座位奖励”展开了一次大讨论。

我先描述了刚才发生的事情，接着就诚恳地跟学生倡议，希望大家开诚布公，亮出自己的想法和观点，提出有建设性的意见，让我们的奖励更人性化，走进每个人的心里。

紧接着，我就抛出了问题：

1. “换座位”奖励项目好吗?

学生叽叽喳喳议论开了，不过对于这个问题比较有发言权的，基本是对这个奖励项目有过体验的学生。讨论结果罗列如下：换座位的奖励是对自己的肯定；换了座位，跟好朋友坐，心情很好；换个位置，可以从不同角度来上课，很有新鲜感……

2. “换座位”奖励项目有什么不足的地方?

下发卡片纸，小组讨论，记录形成统一的共识。5分钟后交流汇报。

第一小组汇报：被动换座位的一方会感觉心情不愉快；座位的更换造成被动换座位的一方看不清板书（特别是近视的同学）；和喜欢的同学做同桌，可是却在上课的时候讲话、玩。（组员补充亲身感受。被动换座位的小袁发言：小董和我的同桌坐，把我随便拎到别的地方去，很不爽，我又是近视眼，刚才的课，看不清黑板上的字，我很受伤。小王同学说：那天换了座位，我看到小刚和小叶上课不停地交头接耳，根本不认真，这样的奖励反而起了反作用。）

第二小组汇报：造成A、B关系紧张；B有种被撇下的失落；B、D两个被迫换座位的同学如果有一方管不牢自己，也会造成上课不认真，或者两人相互影响。（组员补充亲身感受。张同学：本来以为和同桌关系很好，结果他选择更喜欢的伙伴，我瞬间崩溃，原来是我自作多情，突然感觉我们不是好朋友了，很不是滋味。李同学：我平时坐前面，老师看我很紧，那天被换到后面了，我管不牢自己了，连笔记也没做好，回家还被老妈批评。所以换座位的时候是不是也要考虑一下被动换座位的两人——我们存在的困难。）

第三小组汇报：换过来的同学比我高，挡住了我们的视线，造成上课看黑板有困难；受奖励的同学换座位后也看不清黑板。（组员补充亲身感受。吴同学：我觉得不应该换座位，因为每个同学的座位都是老师经过再三的调整最终敲定的。随意更换之后，这个秩序，同桌或前后会不会影响，甚至高矮会不会影响，都被打乱了。上周我就被挡住视线。还有我自己获得奖励的那次，坐在后面，基本看不清黑板，觉得像没得到奖励。）

学生你来我往，各抒己见，思维在不断的碰撞中闪烁火花，剖析在讨论中不断地深入。这真的让我非常意外和震惊，学生看待问题和分析问题的能力，真的是不容小觑。作为班主任，我有一种无与伦比的快乐、满足、自豪！

3. “换座位”奖励项目怎么改进才更贴心？

我说：“老师觉得你们的分析句句有理。真为你们有这样的见识而感到自豪，老师很受启迪。在享受自己权利的同时，不能对他人合法权利造成侵犯。那么怎么改，让换座位奖励项目更贴心呢？我们再次进行小组讨论，把好的办法写下来。”

最终讨论所得方案如下：

（1）单独座位的方案

在课室前面安排个固定专座，专门用来奖励（有的学生会介意，前面座位是自控能力弱的同学，如果介意可以不选）；自己找喜欢的地方，移动自己的课桌椅，不影响教室过道通行（若插入组内，人高挡后面视线的话，只能往后挪，直到后面学生视线不受阻）。

（2）同桌座位的方案

A要换座位时，慎重地跟B告别，同时还要跟D用商量语气征求同意。（小史建议，如果A换座位，先跟B打声招呼：“我今天暂时离开一会儿，不好意思哟！”这样B就会舒服一点。小袁建议，A要跟D事先商量：“今天是我受到奖励的日子，但要征用你的座位，实现我的奖励目标，在这里非常不好意思，你能同意吗？”）在教室前面或后面空地单独放两个座位，A、C喜欢就让他们坐到那里去。

（3）共同约定

不管是单独座位方案还是同桌座位方案，受奖励的学生都不能在上课的时候影响同学，或者跟同桌做与课堂无关的事情，一经查实，马上取消奖励资格。

最后，我把改进方案在班里郑重宣读，学生鼓掌通过。（我鼓励学生有想法可以继续跟我书面交流。）

这样一份极其有温度的改进方案，让我真切感受到学生把班级的事完全当成自己的事。特别是感觉内心受伤的那几个学生也因在刚才表达了自己的感受，同时又为班级献计献策而释怀了（小史的脸上也神采奕奕）。

观察发现，倾听并感同身受，发动全班探讨问题的根源，主动探求改进解决的办法，发挥学生主人翁精神，让教育之花绚烂绽开，而且开在每个人的心里。

［摘编自方红梅《奖励里藏着伤害》，载于《班主任之友（小学版）》］

在上面案例中，我们可以看出，一个小小的奖励也会给学生造成很大的困扰。教师对某一位学生的一个奖励无意中成为对他人的一个惩罚。因此，奖励并不意味着一定就是好的教育措施，发挥好这个教育措施的作用，也需要教师的教育智慧和教育艺术。

（一）不要把学生应该拥有的基本权利当作奖励方式

学生在学校接受教育有其基本的权利，《中华人民共和国教育法》第四十三条规定，“受教育者享有下列权利：参加教育教学计划安排的各种活动，使用教育教学设施、设备、图书资料；按照国家有关规定获得奖学金、贷学金、助学金；在学业成绩和品行上获得公正评价，完成规定的学业后获得相应的学业证书、学位证书；对学校给予的处分不服向有关部门提出申诉，对学校、教师侵犯其人身权、财产权等合法权益，提出申诉或者依法提起诉讼；法律、法规规定的其他权利”。

以上都是学生拥有的基本权利，教师在奖励时就不能把学生的基本权利当作奖励资本，如：奖励去图书馆阅读、奖励参加学校社团等，都是不恰当的奖励方式。

（二）不要把影响他人基本权利的行为当作奖励方式

教室里的每个人都是相互关联的。当教师奖励某个学生的方式会影响他人的时候，教师就要慎重考虑是否要使用这种奖励方式。如：让被奖励的学生随意挑选座位。这个方式看似是对这个学生的奖励，但被奖励学生挑选座位会影响到他人，或者会挡住后面学生的视线，或者会影响周围学生的情绪情感。总之，这一奖励行为奖励了一个学生，却会给其他多名学生带来消极的影响。再如：奖励第一个吃午餐。吃饭是每个学生的基本权利，不分贵贱，不能表现好就优先吃饭，表现不好就不能吃饭或延迟吃饭。

（三）不要把消解学生积极价值观的行为当作奖励方式

教师奖励行为无形中向学生传递价值观。教师实施奖励的目的是让被奖励学生受到鼓励，同时为其他学生树立学习榜样。但教师在选择奖励什么时，一定要避免奖励行为传递出的负面价值观。如：哪位学生积分最高，就可以当“管人”的班长，向学生传递出权力意识，积分高就有更大的权力，而不是向学生传递出积分高就可以为班级做更多服务的荣誉意识。又如：积分买座位。教师把教室座位分区，把每个学生应该平等拥有的座位资源变成教师奖励的资本，通过积分买座位，把功利意识在无形中传递给学生。再如：让优生用美餐，让后进生当服务员。这种行为看似是让学生提前“体验”不好好学习的后果，但这种行为不仅会使后进生产生自卑心理，而且也向学生传递了错误的职业观。

（四）不要让受奖励之外的学生产生自我贬低心理

奖励不是在贬低一个学生的基础上抬高另一个学生，而是站在每个学生自我成长的角度来奖励，使学生与自己对比，进而看到自己的成长方向；与他人对比，进而看到学习的努力方向。“奖”是手段，“励”是目的。

案　例

某班级学业水平测试结束后，班主任用某教师画的《骏马》对学生进行奖励，得A的同学（全班共54人，其中46人得A）每人获得一幅《骏马》。在兴高采烈的学生群体中，一名没得A的女同学掩面哭泣。

上述案例中的奖励手段忽视了奖励的道德性和教育性。因为绝大部分学生都获得了这样的奖励，相对于获得奖励的学生来讲，其内在激励价值反而不大，但对于极个别没有获得奖励的学生来说，在别人狂欢的同时内心是失落的，消极影响是极大的。这样的奖励方式就会让个别学生产生自我贬低的心理，发挥不了任何的激励作用。

（五）不要让结果掩盖过程

奖励是一种评价，教师在运用奖励的时候要把结果与过程相结合，结果与过程并重，通过奖励让学生认识到虽然结果很重要，但学习过程也很重要。

如果教师过于重视结果性奖励，这种奖励的标准虽很清晰，目的也很明确，但这种奖励下的学生往往最在意的也是最终的结果，而忽略学习本身的意义，极端情况下还会使学生为了获得奖励而不择手段。可能每个班级都会存在那么几个学生，他们很聪明，不用怎么费劲就能轻易拿到高分；但是也存在那么几个学生，他们很努力，但成绩却往往不好。结果是外在的，如：好的纪律与分数；过程更看重内在的品质，如：努力、坚持与积极。正如上面的案例，有的教师提出建议，如果教师奖励给每个学生，肯定他们一学期的努力和拼搏，那么对于每个学生来说都是一种激励，同时也会有助于和谐班风的建设，但抛弃几个学生的奖励只会增强学生之间的"层级"观念和"不平等"观念。

（六）不要让单一掩盖多样

我们看一位班主任笔下的一个学生：

案 例

该生笑起来很阳光，歌声很动听，在学校唱歌比赛中，大展歌喉；该生读书多，有文学功底，习作常常被作为范文；该生口才好，在课前三分钟讲故事中，颇有《百家讲坛》主讲人的范儿，获得同学们的称赞；该生的硬笔书法很突出，擅长画画，有一定的艺术细胞，堪称一位小才子。

该生衣服很少有干净的时候，红领巾和衣袖布满污渍，手和脸也常常抹得很脏，桌面更是画得黑乎乎一片；该生学习习惯也差，作业本非常脏，且常常不交作业，丢三落四。老师们也很没办法。我曾经和他一起梳理所需的学具，并列出单子，写了鼓励他的话，多次打电话求得他父母的支持。他父母的回应是愿意配合，但是他常常丢，不想给他买了，买了还是丢。所以常常看到他握着一支笔芯写字。老师和同学借给他的笔，几天就不翼而飞。

该生依赖性强，比较被动，觉得别人的帮助理所应当；该生不注意个人卫生，不爱整理；该生做事拖拉，学具常备不齐，作业不能及时完成，作业本也是皱皱巴巴的，常常丢失；该生跟人交往有些不太自然，不是很友好，和同学关系有些冷淡；该生答应别人的事，完不成时，选择逃避。有时，该生好像非常习惯被批评，只要一叫他谈话，就是一副迷迷糊糊的表情。

如果我们只看前半部分一定觉得这是一位人人喜爱的好学生，如果只看后半部分又觉得这是一个行为习惯特别不好的学生，但这就是一个完整学生的形象。学生个性是多样的，也是丰富的，因此，教师要用发展的、多元的眼光看待学生，看到学生的优点，帮助学生改正缺点。教师在运用评价以及奖励方法时，多一些角度、多一把尺子，就会多一些好学生。

（七）不要让奖励成为学生排挤的助推器

学生之间可以竞争，竞争可以给学生提供动力，但一定要避免恶性竞争、相互打压、歧视、故意排挤、故意不帮助等消极心态在班级中的产生。

案　例

在“阳光银行”实施一个月后，曾经热火朝天的“银行”却逐渐呈现衰败的态势。每个小组总有个别学生时常犯错，导致他们组经常因为一个人而减少贴画，组员对于弱势学生也是怨声载道。渐渐地，个别学生觉得自己难以获得贴画，逐渐放弃了争取，而小组也慢慢产生分歧，小组的团结意识也渐渐消散。曾经兴盛一时的“阳光银行”渐渐地失去了吸引力，班级中的奖励评价措施慢慢失效。

如何避免上述案例中的现象发生？第一，教师可以有结果性评价体系，如：多少贴画换取什么物品，但这种评价力度不宜过强，不宜过于吸引学生的注意力，让学生把这种换取当作非常重要的事情。同时，教师在制定评价标准时，要强调不仅看结果，而且看每个小组互帮互助的氛围、努力和合作的程度，把品质培养放在评价的重点位置，引导学生把注意力放在品德和习惯养成上，而不是放在贴画换取上。另外，教师也可以减少小组之间的评比，让全班努力共赢比赛，如：如果全班学生一共获得了多少贴画，班级可以组织有趣的活动等。

（八）不要让外在奖励替代了学生内在发展动力

案　例

班规实施主要是小干部进行测评，每周进行一次总结，评选出“小明星”“小状元”等，在班级展板上表扬，并通过微信群分享喜报给家长。但在现实操作中出现一些问题。如：课上积极发言不好量化，奖给谁多少学习币缺少具体的标准，所以，后来大家商讨要各小组组长相互协助，制作统计表，课间让学生自己报一下发言次数，每周汇总到学习部那里，再进行学习币的分发。

在上述案例中，如果过分依赖奖励，学生过分重视自己的发言次数，上课把注意力放在发言次数上，反而不利于学生静心听讲，也容易导致学生学习的功利性。这样的奖励反而违背了教育理念，起到适得其反的作用。

六、给教师的建议

（一）明确奖励与模糊奖励相结合

很多教师比较困惑的是：如果要奖励，标准是否应该明确、具体？奖励标准经师生共同讨论后要严格执行，否则会出现教师奖励比较随意，学生因为奖励相互挑毛病的情况，进而会因为奖励引发一些不必要的矛盾和纠纷，影响班级氛围。如果标准非常明确了，统一化的标准又不能满足所有学生的需求，有些学生怎么做都难以达到统一标准，致使优秀的学生始终获得奖励，而难以达到标准的学生始终与奖励无缘，导致需要奖励的学生反而获得不了奖励。如果按照统一标准与个别化标准相结合的方式，给优秀学生制定的标准高一些，给后进生制定的标准低一些，学生之间又会觉得不公平，久而久之教室里又会出现“那是老师可怜你”的说法。

人们会说，班级小小奖励怎么会引发出问题呢？班级里本来常规存在、教师经常用的一些教育策略怎么会演化出如此复杂的问题？这是人们精细化管理思维导致的一些问题，有时候教师过于“精心”设计的评价体系反而会培养出精致的利己主义者，只要有利于自己的事情就可以，凡是不利于自己的就不可以，所以，小组评比中就会出现不利于提高小组成绩的学生被排挤，为了竞选班干部要“贿选”等不良现象。学生在一个集体中，却由于不良评价被分割成一个个“单子式”个体，教师用心经营的班级文化建设功亏一篑，班级管理成本还会增加。

那么，是否就不要奖励了呢？奖励在培养学生行为习惯、激发学生自信、活跃班级氛围等方面也有积极的意义。只要教师对奖励的内涵、功能有正确的认识，正确运用奖励方法就可以避免奖励出现的负面效果。

为了使班级文化建设系统化，班级可以围绕班级文化、班级精神，确定学期末（或学期中）的表彰标准，这个标准一定是全方位促进学生发展的、围绕学生品质的。如：班主任与学生把班级命名为“猫的国”，提炼猫的特质——优雅、勇气、温暖、担当、梦想、个性。在每个学期结束，举办猫国年度庆典活动，结合学生一年来的成长，评选“优雅奖”“勇气奖”“温暖奖”“担当奖”“梦想奖”“个性奖”，并给每个学生撰写颁奖词。

与班级精神、班级品质相结合的奖励标准有利于班级文化的建设、学生凝聚力的形成以及学生积极品质的内化，会激励学生朝着正确的方向前进。也就是说，先有“场”后有“奖”，积极的班级文化就是“场”，积极的班级文化是奖励的方向标，也是奖励的磁力场。一切奖励的目的，应该以引导学生对积极行为本身感兴趣为要义。

在日常教育教学过程中，教师要随时结合每个学生的状况给予及时的鼓励和肯定，在心中可能要设置分层评判标准：可以给平时表现良好的学生设立稍高一点的标准，而给平时各方面表现困难的学生稍微降低一下标准。对于一些后进的、缺乏自信心的学生，要多给机会，让他们觉得自己有希望获得这份奖励；对于一些优等的、有骄傲情绪的学生，则要慎用奖励。

实施奖励，“应限于最低限度之义务以外之事”①。也就是说，如果学生所做之事是每个学生应做到的，就应淡化奖励。如果教师要鼓励学生坚持，也尽可能用语言、神态等奖励方式，让学生感受到正面强化，而避免专门设立如“全勤奖”等特别吸引学生注意或者与学生个人利益密切相关的奖励。

（二）用好奖励的同时要淡化奖励

把奖励拿出来研究，是因为奖励是教师尤其是小学教师常用的手段，也因为奖励作为一种方法有其独特的育人价值，但如果奖励运用不好，其消极效应会大于积极效应。如：学生会过于关注奖励本身，则说明奖励的强度过高，需要调整；奖励有隐蔽的控制或惩罚功能，奖励会给学生的心理带来压力，奖励会使学生产生害怕失败、害怕失去别人认同的恐惧感，而且奖励会使学生之间形成对抗和竞争，经常获得奖励的

① 吴俊升. 德育原理［M］. 福州：福建教育出版社，2011：102.

学生容易具有优越感，而胆怯的学生却抑郁消沉；奖励会破坏人际关系，奖励不仅会引起同伴间的不良竞争，不利于合作意识和集体意识的培养，也会助长教师与学生、家长与学生之间的不平等地位。

奖励的目的是不用外在奖励而激发学生的潜能和内在动机，促进学生全面持续发展。因此，教师要把奖励控制在适度范围内，让学生享受奖励给自己带来的愉悦感，但又不被奖励控制；让学生借助奖励看到不一样的、独特的自我。同时，要随着学生年龄增长，逐渐减少外在奖励的刺激，延长奖励间隔时间，引导学生关注学习任务本身，让学生感受到来自学习本身的乐趣和满足。因此，奖励乃权宜之计，非最理想的方法，教师要用奖励，但最后也要逐渐摆脱奖励。

教育从根本上说是一项道德事业和人的事业，其目标是促使人类产生有益的变化，不仅体现在人们知道的和可以做的事情上，更重要的是，会完善人未来的性格和个性。同时，这一过程的受益者不仅仅是受教育的个人，而且还包括整个社会。最终，整个世界都能从这项事业中受益。

第七章

不能依靠惩戒来落实班规

确定整个惩罚制度的基本原则，就是要尽可能多地尊重一个人，也要尽可能多地要求他。[1]

——马卡连柯

① 马卡连柯. 马卡连柯教育文集：上卷［M］. 吴式颖，等，编. 北京：人民教育出版社，1985：100.

“教师对学生的惩戒，如同家长对子女的惩戒一样，原是传统教育方法之一，系一种自然权利，无所谓法律规定。在现代教育与现代师生关系中，惩戒却是教师教育权利中最有争议的话题。”[①]教师如何理解惩戒、如何运用惩戒，不仅反映了教师对教育本质的理解，也反映了学生作为人的主体地位的被认可程度。

为落实立德树人根本任务、保障和规范教师管理行为以及保护学生合法权益，2020年教育部发布了《中小学教育惩戒规则（试行）》［以下简称《规则（试行）》］。尽管《规则（试行）》结合具体情形给出了教师可以采取哪些惩戒措施的指导，使教师管理行为有了基本的行动依据，但由于教师面对的是个性不一的学生以及包罗万象的教育情境，如果教师试图把《规则（试行）》作为管理学生的“利剑”，那将会本末倒置，事倍功半。有的学校及教师希望借助《规则（试行）》内容的进一步具体化、可操作化以及程序的流程化来提高教师运用《规则（试行）》的科学性进而避免教师“犯错”，但这种思维在实践中是不可取的。教育是复杂的，学生是活生生的人，教师固化的思维和僵化的问题解决方式只能使教育演变成生产“工具人”的工具。

在实践中，教师运用《规则（试行）》的前提是理解《规则（试行）》或者说理解教育的逻辑起点。学生永远是教育的逻辑起点，如何理解和定位学生决定着教师如何定位教育，如何理解和定位教育又决定着教师如何实施教育惩戒。

一、两个案例的对比

在实践中，很多教师，包括学生，甚至是小学生面对如何保证规则的有效性时，他们的第一反应是惩戒，他们认为没有惩戒就不能确保规则的有效性。在现实中，班主任的教育直觉也认为，如果只有规则而没有惩戒，学生就会无视规则。那么，就衍生出一个问题：难道只有惩戒才能确保规则实施的有效性？正向教育不能达到同样的效果吗？还是在实践中，惩戒取向的教育方式已经深刻影响了师生的思维方式？

---

① 郑新蓉. 试论教师权利与义务的几个问题［J］. 高等师范教育研究，1998（3）：20-24.

案 例

高一某班学生学习成绩比较差，习惯也比较差，说脏话是普遍存在的现象，几乎很少听见他们能够友好交流，无论是与同伴还是与老师交流，总是难免冒出脏话。为此，班主任请同学们讨论：在学校以及教室里，与同学和老师交流，是否能够这么口无遮拦地说话？

讨论到最后，班主任提出了每个人都必须“说美好的话，做美好的事，成为美好的人”，并把此写进班规。学生觉得只有班规不具有威慑性，要有相应的惩戒。那么，采取什么样的惩戒是大家都能够接受的呢？大家纷纷提出意见：做值日、罚钱、跑十圈、唱歌——唱到大家都满意……虽然方案很多，但是班主任觉得这些仍不是最合适的方式。这时一同学说：“大家不是每次都骂娘骂爹的吗？如果再有谁出现这种情况，我们就把骂人者的爸妈请过来，让他当着爸妈面骂自己的父母，要是他能骂得出口，咱们也就原谅他！”最后一条，大家都同意了。

在这个案例中，学生虽然会因此有所顾忌，但万一真有学生不小心说了脏话，班主任是否执行惩戒呢？

案 例

我曾经接过一个寄宿班，这个寄宿班5年换了4任班主任，到了五年级，还有一年就要毕业了，可是这个班却成了全校有名的乱班。学生不服从教师的教育管理，上课随意说话、打闹、放音乐，导致各科教师都没有办法上课，个别学生甚至公然顶撞、辱骂教师。而这40多个寄宿生之间也形成了一个又一个的小团体，彼此之间充满了戾气。男孩子和男孩子之间可以打群架打到鼻青脸肿，女孩子和男孩子之间也是对骂对打。而个别家长也与当时的班主任针锋相对，特别不配合教师的工作。

与学生见面前，我从寄宿生活教师、各科任教师、曾经的班主任那里多方面了解这个班的情况，听完了学生一个又一个“奇特”的故事，突然觉得学生很可怜。5年的寄宿生活，频繁更换个性不同的班主任，可以说，学生的情感需求一直得不到满足；自小远离父母，每一个学生心中都有一个不安的、渴望依托的心灵；集体长期处于负面评价，行为问题生、心理问题生较多，使得整个班集体没有凝聚力和荣誉感，归属感无处安放，进而带来内心矛盾焦躁。对于这样的班级，迅速凝聚人心、稳定正常的学习生活才是首要的。在原来的班级管理中，班级有一条又一条的规则，寄宿部又有一个又一个的奖惩措施，可学生依旧如故，甚至无视规则的存在。既然“治行”无效，那么就“攻心”吧。

第一步，我精心设计开学的第一次见面。当我第一次走进班级，我什么都没说，而是先在黑板上写下了一句话：曾经的五年我无缘参与，最后这一年，我们风雨同舟。我特意写得很慢，很用力，我要把这句话一笔一画写到学生们的心里。

第二步，我进行了我的开学第一讲。我先问大家如何看待自己的班集体，向我介绍一下这个班集体，学生把他们的“丰功伟绩”、教师的“精彩点评”纷纷述说一遍，其中，既有调皮也有无奈，还有自暴自弃。这一年，《中国好声音》中那英所带领的“小二班”获得了冠军，而我们的班级也是（2）班，于是，我以“小二班”这个称呼展开对话，我告诉学生：他们有热血、有热情，他们更有能力改变现状；他们的故事有荒诞、有错误，但是他们也可以把自己的改变在学校中写成传奇，写出我们这个“小二班”的传奇。

第三步，自然而然地与学生共同定下我们的“约法三章”。针对班级的情况，我形象地把孩子们比作一群闯荡江湖的年少侠士，在不断地历险中找到自己的信念。这样做相当于给学生心中的正邪、黑白、是非等找到一个可以安放的地方。然后，我们进行团队的评比，评比没有细致的规则，有的只是几个大方面的框架。我把班级、个人的成长描述成一个江湖，那么，不同小组就是不同的门派。个人成绩、特长学习是“个人修为”；遵守纪律，能上好课是“守正自持”；为集体做事，互帮互助是“侠肝义胆”；表现优异，获得其他教师的表扬是“扬名江湖”。

面对这样的班规，没有细节要求，完全依托于学生对自己的评价：我有没有努力；我是否影响了他人的学习；我是否得到了老师的认可；我是否展现出自己优秀的一面……每次加分时，学生都会根据“个人修为”“守正自持”“侠肝义胆”“扬名江湖”四个方面进行总结点评。就这样，一个月

> 后，我们的班级走上正轨。
>
> （北京市海淀区万泉小学　于晓桓）

在上面两个案例中，两个班的情况有点类似，第二个班级甚至比第一个班级更处于乱班的边缘，学情比第一个班级更复杂。但面对这样的班级，两位教师采取的措施截然不同。第一位教师采取的措施相对强硬，第二位教师采取的措施是正向激励。对比这两位教师的策略，获得即时效应的可能是第一位教师的办法，但取得长期效应的一定是第二位教师的办法。

制定规则是为了更好地规约学生的行为，以及帮助学生养成良好的行为习惯。学生违规以后怎么办，看似是一个管理问题，而实质是一个教育问题。当我们在开展班级管理时，不能单从管理学的视角来理解，因为教育管理不是严格意义上的管理，而是一种教育引导、帮助和支持。

苏霍姆林斯基说："我主张对学生们（正是学生们）实施没有严厉申斥、大发雷霆及强力影响手段的教育，因为这些办法不会带来任何好处。不能把'成人'社会学的概念和规律搬到学生世界里来。在学生教育中，震惊、冲突与发怒，并不是客观必要的。因此，最好不要采用令人震惊的手段。"①

为此，当学生出现违规、违纪现象时，教师首先应分析学生情况、违纪性质、违纪情境等，再给予有针对性的解决措施。

二、普遍问题，要班风建设

如果是集体或者大多数学生出现违反规则的情况，班主任就不能只从惩戒或者管制的角度以及只从学生不听话、学生不好管理的角度来考虑问题了。相反，班主任要从带班的角度反思是否自己的带班方式出了问题；是否班级文化建设出了问题，没有形成良好的班风；是否班级制定的班规制度不民主，没有反映学生的意愿；是否调动起学生自主管理的意识和能力；等等。面对这种情况，如果班主任就管理谈管理，指望通过一系列条文、规章制度、批评和惩戒、教师的权威来建立一个良好的班级秩序，几乎是不可能的。如果教师觉得有成效，那么，也可能只是"当面服从"的学生

---

① 苏霍姆林斯基. 给教师的建议［M］. 周蕖，王义高，刘启娴，等，译. 武汉：长江文艺出版社，2014：255.

文化。这样的班级一旦离开班主任的视线、脱离班主任的管教，学生就会变成“放羊”状态，因为学生并没有形成自我管理的能力，而脱离集体教育的班级本身就隐藏着学生违规的隐患。

案例

最近，班级内出现了一些现象，让我十分头疼：中午吃完营养餐，学生总是不能将餐盒码放整齐；早晨还干干净净的校服，中午就已经“面目全非”；教室一天打扫三次，地上还总是有纸片、食品包装袋……我也采取了一些措施，但是效果不太明显。我仔细分析了这些现象，发现这些现象的背后存在一个共同的问题：学生不珍惜别人的劳动成果。要想从根本上解决问题，只有让他们体验别人的辛苦，进行换位思考。“角色扮演”进入了我的视野！

根据班中存在的问题，我们召开了班委会，将全班学生分为三大组，分别扮演不同的角色：送餐工、妈妈、值日生（专门负责清扫室内地面）。具体时间定在10月23—26日，我们根据不同的角色做了相应的准备。我们以班委会的名义将“行动方案”上交学校德育处：定于10月23日，由角色扮演者来承担中午全校各班营养餐的发放和整理工作，获得批准。然后我们又和送餐公司联系，得到了他们的支持。角色扮演组成员要在本周的日记中写出自己的感受或体会。

“送餐工”角色扮演组内各小组分配任务如下：

组别	小组长	任务
第一小组	李同学	负责将每个班的营养餐从车上送到指定位置
第二小组	阎同学	负责将每个班的汤桶从车上送到指定位置
第三小组	王同学	负责为全校学生分发营养餐
第四小组	耿同学	负责整理每个班的餐盒
第五小组	林同学	负责将每个班的餐盒和汤桶送回餐车上

万事俱备，只欠东风。10月23日，我们按照事先分好的组进行“角色扮演”的体验活动。由于事先考虑比较周全，体验活动进展得非常顺利。

活动之后，学生都在自己的周记本上写出了自己的体会，小组长将大家的体会进行了汇总。

今天，我们班进行了“角色扮演”的体验活动，我们组负责将每个班的营养餐从车上送到指定位置，平时看着送餐叔叔用小轮车将营养餐推送到每个班的班级前面，一点儿也不费力气，今天一体验，还真不是那么简单！从餐车往小轮车上抬每个班的营养餐可把我们累坏了，我们4个男生负责抬，还是抬得我们气喘吁吁，等到把全校的营养餐都送到指定地方的时候，我们已经累得筋疲力尽了。我们组内共有8名同学来承担这项任务，都觉得太难了，可是这项任务平时都是一名送餐叔叔来完成，他还要负责其他的任务呢！真是太辛苦了！

——第一小组

今天的体验给我们上了一堂生动的教育课！在这次角色扮演的活动中，我们组负责将全校每个班的汤桶送到指定位置，我和刘同学一组负责一到三年级的班级，我们抬着汤桶轮流送，虽然汤桶上有盖子，我们还是担心汤会洒出来，我们一边走，一边感觉那些汤像一只活泼好动的小兔子，不知什么时候就会跳出来，害得我们俩也随着左摇右晃。

总算送完了！累死了！以后我们一定要珍惜叔叔、阿姨们的劳动成果，盛汤的时候一定要小心，不能再把汤洒在地上了！

——第二小组

…………

在周一的班会上，每位学生都向大家分享了自己角色扮演的感受，听着大家的“肺腑之言”，我知道他们已经体会到了送餐叔叔、阿姨们每天的辛苦，妈妈每周洗衣服、刷书包的不易，负责清扫维护地面卫生的同学的烦恼。

（北京市海淀区教师进修学校附属实验小学　杜春焕）

正如上面案例所呈现的那样，当班级出现一系列学生不服从规则的现象时，教师就不能仅从后果论来考虑问题了，而要从根源角度来思考如何建设一个积极的班集体。如果学生纪律都比较差，说明一个良好的班集体还没有形成，学生自理、自立、自主、自觉的意识还没有形成，尊重、责任、负责、担当等价值观还没有深入人心，因此，班主任应把核心任务放在班级文化建设上，通过诸多活动提高班级凝聚力、提高学生的价值体验和价值认识，进而提高学生的自觉管理意识和能力。

三、一般问题，要积极干预

在大多数情况下，如果班主任接手的不是一个乱班或者班风不正的班级，那么，绝大多数学生是能够遵守班级制定的规章制度的，大多数学生的行为是在常规管理范围内的。学生出现一些“小打小闹”或者小的违规违纪的现象，是再正常不过的事情。对于小学生来讲，违规违纪主要侧重在课堂纪律、课间纪律、学生交往矛盾等问题上；对于中学生来讲，违规违纪主要侧重在学科作业、师生冲突、课堂纪律、价值冲突等问题上。这些问题是不可避免的，也是学生在成长过程中很容易出现的。教师要对学生日常出现的这些违反规则的问题抱着平常心，基于学生呈现的问题给予学生恰当的帮助。

在实践中，大部分教师为了预防这些日常问题的出现，会提前制定一系列班规并附加后果描述，期望以此给学生“立规矩”“给下马威”。班主任会认为，显性化的惩戒条例会使班级管理“有法可依”，尤其是给“容易捣乱”的学生提出了“要求”，按照规章制度办事会省时省力，但在执行过程中，并不见得总有好的教育效果，对于个性不一的学生以及有一些特殊情况的学生更是如此，因为他们往往是经常打破规则的人。

对于学生常规的违反规则的问题，班主任切忌上纲上线，要根据学生身心特点和违反规则的原因、情境等，用说理、引导、交给学生思考问题的方式来教育学生，通过协商、对话引领学生成长，要“育”字当头，而非“惩”字当头。教师可以从以下三个视角来思考解决问题的策略。

（一）交给学生自己解决问题的方法

目前，很多班级在制定班级制度时，都会配套一份惩戒规则，向学生明确如果违反了规则，会被怎么处理。很多教师为了把事情简单化处理，会用简单的减分原则。减分办法简单易行，但其主旨是管理主义倾向、学生行为后果主义倾向，企图以不良后果来阻止学生不当行为的出现，缺乏对学生行为的引导性。

学生多是未成年人，出现行为不当或者犯错是正常现象。对于正常的错误行为，教师应本着教育原则，给予学生改正错误的机会，帮助他们习得正确的行为方式。每个学生都有自尊和自主的需要，教师要引导学生自己解决问题，让他们学会自主表达想法，在沟通中自主解决问题。

建议教师在制定班级规则时，结合班级核心价值观，与学生讨论、制定出对出现违反规则的学生的处理方法。教师可以组织学生讨论出一些惩戒方式，但要注意惩戒方式应体现教育性，不能出现伤害学生自尊的情况；教师要把尊重犯错误学生人格放在首位，培养学生的宽容之心、仁爱之心；教师在解决问题时，要以学生反思错误、掌握解决问题的方法为核心。

1. 给出处理问题指南

班级是一个微型社会，学生出现违规行为，教师也应该通过一些管理程序，教给学生处理问题的方法和步骤，以引导学生提高基于事实进行客观分析、客观评价和解决纷争的能力。

如：在建班之初，在制定班级规则时，班主任就可以与学生一起讨论、制定学生违反规则时的处理流程。

步骤一：判断问题的大小，如果是个人能够自主、和平解决的问题，就鼓励学生自己解决。

步骤二：如果是个人解决不了、同学之间也不能达成和解的问题，可以求助老师或者同伴，通过第三方介入的方式，帮助同学之间和平解决。

步骤三：如果借助同伴以及教师都不能解决的问题，或者教师觉得这个问题具有共性，那么，教师可以把“个别问题”一般化处理，寻找合适的时机组织全班学生进行充分讨论。借助讨论，还原事实，找到问题症结，明确解决问题的方法，提出避免类似问题发生的要点。

教师给出学生处理问题的方法，可以培养学生自己解决问题的能力，也可以发挥班集体自组织功能，促使班级良性运作。如：北京市海淀区中关村第三小学就设置了“公平柱”，如果学生之间发生冲突，学生可以自己坐到“公平柱”那里，自主解决问题。很多学生之间的小问题，都在那里得到了解决。

2. 让学生运用规则标准来自我反思和改正

任何教育最终一定是学生的自我教育，没有调动学生主动参与的教育终究是失败的教育。每个班级都有自己的班级精神、班级目标、班级核心价值观以及班级公约，当学生出现一些错误时，班主任可以让学生以此为标准来反思和改正当下行为。这样的方式不仅可以不断强化班级核心价值观，有利于班级文化和班级凝聚力的形成，也有助于学生进行自我教育。

如：某中学教师在开学初与学生一起制定了班级提示语，当学生犯了小错误必须批评时，教师会让学生主动“认领”违反的那条提示语，与他一起分析错在什么地方，应该如何改正。一名男生在楼道里冲撞了同学，还满不在乎。第二天晨会，在全体学生面前，这位男生主动交代违反了“每一个男生都应该是绅士，每一个女生都应该是淑女”“干净、安静、尊敬，我都行”两条提示语，进而加以改正。[①]

北京育英学校刘向娟老师每学期结束后，都会让积分比较低的学生进行自我评价。第一步，让学生对自己进行客观评价，包括：（1）查评比表，看自己哪里失分最多，明确下一阶段自己应该注意的地方；（2）查评比表，看班内得分多的学生哪里被加分多；（3）询问自己曾经的3位组长，请他们指出自己成长过程中的问题；（4）询问自己关系最好的3名同学，请他们讲讲自己身上的优势；（5）询问自己最信任的3名老师，请他们帮助分析自己的优缺点，分析自己努力的方向；（6）询问自己最亲爱的1名家长，请他帮助分析自己的优缺点，分析自己前进的方向，制定具体可行的方案措施。第二步，在此基础上，学生对自己进行综合分析并明确改进方向，包括：（1）在综合以上评价的基础上，总结出自身核心问题出在哪里；（2）写出自己争取“加分”的方案，并请3名最信任的人（老师、同学、家长）签字。

在刘老师的解决方法中，刘老师始终围绕班级制定的成长标准来引导学生，并且发动学生身边的“重要他人”资源，使出现问题的学生并不是一人奋战，而是感受到周边同学、老师以及家人的关心和支持，同时也能够把相关力量凝聚到一起。

比如：某高中班主任是这样处理自己班级学生因为打篮球与别的班级学生打架问题的。第一步，稳住双方情绪，让双方平静心情；第二步，组织学生观看青少年犯罪的录像（由于小摩擦发展成伤人事件），组织学生交流观后感受；第三步，结合班级核心价值观，分析应该如何处理这样的事情，让学生形成积极认识，如：应善待同学、学会友好相处、学会协商制定规则等。

小学生乃至中学生处理事情时容易感情至上，在认识问题上也比较偏激，因此，当学生出现问题时，教师应引导学生学会运用一些科学方法来解决问题。

① 张文英. 班级提示语：学生健康成长的指向标［J］. 班主任，2015（4）：28-29.

3. **教给学生换位思考的方法**

班级规章制度是关于集体生活的相关约定，某种意义上是对他人福祉、权利的尊重以及集体利益的维护。因此，教师应要求集体中的每一个人都能够站在他人角度思考问题，把自己的个人行为与他人以及集体利益之间建立起相关联系，进而根据外在社会的要求来调节自己的行为，即站在道德视角来看待个人行为。因此，当学生违反一些规则时，教师除了让学生认识到他触犯了大家制定的规则，需要树立遵守规则的意识外，更应该让学生在换位思考中理解建立规则的价值和必要性。

如：有一段时间，班级有多起打闹事件，每次事后追责的时候，学生们总是相互推诿。“他先打我的。”“他先骂我的。”这样的争论常常使教师无计可施。于是，班主任利用班会时间，在教室前摆好两把椅子，邀请事件当事人作为被采访者，学生们在尊重、客观的前提下对他们进行提问。在双方宣泄式地阐明自己的立场之后，让他们坐到对方的椅子上去，从对方的角度再把事件过程说一说，这个过程就是学生与对方展开对话的过程，要求学生不仅学会站在“自我”的角度考虑问题，还要学会站在“他人”的角度考虑问题。当每个人都能够学会从“他人”的角度考虑问题的时候，每个人都会成为受益人。

在以上案例中，面对学生之间经常发生的冲突问题，简单的“扣分”办法是不能从根本上解决学生冲突问题的。利用学生互换身份、站在对方角度来重新思考自己的做法，让学生学会宽容、理解他人，才能让学生达到相互谅解。

还有一些学校给学生提供了自己解决问题的“公平桌”等载体，当学生之间发生一些小冲突时，鼓励学生自己先去“公平桌”解决问题。

4. **给学生提供“带过立功”的多元选择**

教师必须有一种观念，不要把学生假设成为规则的对立方，认为学生就是故意违纪的。实际上，学生从内心里是需要班级规则的，没有规则、无序的班级是学生所厌恶和逃避的。当学生出现违纪现象时，教师除了要考虑学生身心未成熟之外，还要考虑班规的内容是否贴近学生的成长需求。即使面对学生违规行为，班主任也要多用一些幽默、灵活的方法来处理。

案 例

在讨论奖惩措施的班会上，我提出了第一个问题：“你希望在上学期间获得或提高哪些能力？”有的学生想提高表达能力，有的学生想获得组织能力……学生们把这些能力都写在黑板上。之后我又问学生："你觉得班级、年级或学校可以为你提供哪些具体的机会（如：分享自己最值得骄傲的一件事、组织一次知识竞赛），从而获得和提高这些能力？"学生又写了满满一黑板。我们对这些机会进行修改，整理出10个奖励机会和10个惩戒机会，但不管是奖励还是惩戒，都是为了锻炼学生各方面的能力。在这个过程中，学生看到了"奖惩措施"背后更伟大的意义。①

（二）借助班级自治组织来自主解决

班主任的主要职责有两项，一项是进行班集体建设，通过机制建设、班规建设以及开展活动等建立班级自治组织运行机制，形成班级核心价值观，使学生能够进行自我管理和教育；另一项是关注到每个学生，对个别学生给予个性化的指导。在开展这两项工作的时候，班主任要善于发挥学生的作用，建立学生自治机制，通过学生自治组织来推动班级建设。在发挥学生自治组织作用时，班主任也可以从人、组织、氛围三个维度来考虑。

1. 用好班干部队伍

每个班级都有相对稳定的班干部队伍，对于一个班级来说，建设一支学生信任、行动力强、凝聚力强的班干部队伍非常重要。良好的班干部队伍，一方面能够发挥带头引领作用，传播正能量，给班级树立旗帜；另一方面能够作为班主任的助手，帮助学生解决一些问题。在解决学生违纪问题时，班主任也可以发挥班干部队伍的作用，但前提是班干部必须具有威望，必须经过教师系列培训，有相应的处理问题的能力及处理机制。

比如，北京市育英学校刘向娟老师是这样运用这支队伍的。先是班干部与量化评比分数低的学生谈，然后是班主任、这个学生的家长、其他学生的家长、年级主任与量化评比分数低的学生谈。谈话很正式，有各种记录单保证谈话的有效性。这个惩戒教育是对分数低的学生的教育，更是对班干部的一种培养和肯定。在每次谈话前，班主任都要对班干部进行培训：怎样正式交流，怎样有效果，怎样做谈话前的计划、谈话中的记录，怎样和被谈话的同学成为朋友并以朋友的身份帮助他。漫长的谈话过程

---

① 徐欣悦. 让学生看到班级事务背后更伟大的意义［J］. 班主任，2016（5）：27-28.

是对量化评比分低的学生的一种教育。

谈话记录表

被谈话人		谈话日期		谈话记录人	
谈话原因					
谈话提纲					
谈话后感受					
下阶段目标					
家长鼓励					

2. 用好小组制度

在建立班干部队伍的基础上，班级可以发挥小组管理的自主教育功能。班主任可以按照同组异质的原则把学生分成若干小组，小组评价与班级评价机制相匹配，发挥小组内学生自我管理的作用。在建设小组时，要注意以下几点：第一，组长要有威信、有能力，可以解决小组内出现的一些问题。如果学生年龄小，小组长还不具备这样的能力，那么，教师可以帮助学生建立问题解决模式，由2～3人组成协调小组或者全部组员参与解决问题。第二，教师要对组长进行培训，告诉他们组长的职责以及组长应该具备的热心、勤奋、公平、公正的品质，尤其要强调不排挤任何人的原则。第三，对组长进行相应的处理问题的技能培训，使组长知道如何与别人沟通、如何统筹全局、如何调动每个组员的积极性等。

如：某学生纪律意识比较差、上课经常说话、缺乏自律意识，为此，教师让组内其他学生监督和提醒这名学生。当这名学生有想说话的冲动时，组内其他学生就及时用眼神提示，提高这名学生的克制能力，同时，小组成员共同讨论，确定小组用格言“合适的时间做合适的事情”来形成无声的监督。当这名学生的表现有进步时，组长就及时给予鼓励。

除了常规的小组之外，班级里还会存在各种组织，如：社团、兴趣小组、研究小组等。班主任要善于发挥班级内各组织的自治作用，让学生在各个组织中树立基本的规则意识。

3. 发挥积极的班级舆论的作用

班主任要通过班级建设形成积极的班级舆论，借助积极的班级舆论让班级成员对什么是善、什么是恶形成共识。人是社会性动物，每个人都希望得到他人和集体的接纳和认可，因此，个体的行为就会向着集体所期望的样态前进。当学生出现错误行为时，并不是教师简单地依规就可以解决问题的，重要的是让学生自己认识到错误的行为并积极改正，这个时候，就可以发挥积极的班级舆论的作用。很多时候，学生并不怕教师的批评，也不服从班干部的管理，但却害怕班集体的不接纳。学生的错误行为遭到集体舆论的压力，对学生本身而言就是一种教育和惩戒。

案 例

关于“故意扰乱课堂纪律”的行动预案

维护良好的课堂纪律、保障正常的教学秩序，是每一位学生的责任。当课堂上有人故意扰乱纪律，教师制止无效，有可能引发师生冲突或中断正常的教学活动时，请参照以下方案执行。

①违纪者的同桌及周边同学有责任在第一时间提醒、劝阻违纪者停止其行为，尽力使事态不至于扩大。

②如果周边同学未及时采取行动或行动无效，班长、纪律委员要有所反应，劝阻违纪者停止其行为并制止其他同学可能的起哄，必要时可以站起来劝阻。

③纪律委员将该情况记入班级课堂日志。

④班级鼓励同学参与劝阻行动，维护正义。参与劝阻的行为由纪律委员记入班级课堂日志。

⑤以任何方式支持或变相支持扰乱课堂秩序行为视同违纪，将接受班主任的调查询问并承担一定的责任。

（摘编自陈宇《标本兼治，齐抓共管——学生故意扰乱课堂纪律行为的教育策略综述》，载于《班主任》）

（三）教师出面解决问题

在教师出面解决问题的时候，教师也应坚持一些基本原则。总体来说，要坚持平等、民主、友善、对学生负责的原则，与学生一起讨论需要改善的地方，让学生感受到教师的真诚与和善。

1. 沟通原则

学生是有个性、灵性、思想和情感的人，人与人之间的沟通更多是思想和情感的沟通，而不是信息的沟通。问题并不是依赖教师上传下达、单向沟通就能解决的，因此，教师要着力唤醒学生的内驱力，秉持尊重、真诚、理解、共情的态度，与学生进行沟通。舒茨曾说："人际沟通中，人有三种最基本的需要——包容需要、支配需要和情感需要。"教师与学生沟通的时候，也要首先关注学生背后的心理需要。

2. 避免不恰当的沟通方式

（1）带有道德评判式的传递信息的方式。教师把学生的行为简单与道德挂钩，容易引起学生的反感甚至引发师生冲突。如：学生不喜欢打扫卫生，教师给予"你太自私了，你没有集体意识"的评价极容易引起学生的反感。

（2）进行不合理比较的方式。教师要尽量避免简单地把学生进行比较。如果有必要进行比较，要考虑比较的内容是否在同一层面，且最好与学生的智力等自身素质没有直接关系。如：教师说"你的成绩怎么就不如别人呢？"就会导致学生反问"为什么我要与他比成绩呢？他跑步都不如我呢！"。

（3）对学生提出不恰当要求的方式。如果教师让违纪学生在放学后留校半个小时进行反思，就不太合适，因为这不仅会引起学生的不满，也可能会引起家长的不满。

（4）命令控制的方式。"快闭嘴""不许……"都容易激起学生的反感情绪。

（5）警告威胁的方式。诸如"你要……，叫家长来""你要……，取消你的……资格"都有威胁的意味。

（6）过度忠告的方式。诸如"你们一定要……""平常一定要多努力，考试才能得心应手"。这些道理虽然没错，但过度忠告就容易演变为唠叨，让学生觉得，教师并没有给予他们真正的帮助。

（7）强加于人的方式。诸如"你知道你为什么不受同学欢迎吗？我告诉你，你纪律太差，应该……""我已经告诉你做这件事情的方法了，你怎么……，你要……"，这种语气是学生所反感的。学生虽然认为教师说的有道理，但因为教师语气的不友善而使学生不愿执行。

（8）揭露批评的方式。诸如"你怎么想的，我还不知道？""你想什么，我早就知道，别在老师面前要心眼"，这些语气会让学生觉得教师高高在上。

（9）打标签的方式。诸如"我们班比……差""我们班扣分，都是因为你”“我看你永远改不了这个毛病”。给学生或者班级贴标签特别容易打击学生的自信心，让学生戴着有色眼镜看自己或者班级。

3. 分析问题背后的原因很重要

教师在干预学生的行为之前，一定要对违规学生进行全面分析，进而才能对学生的不良行为进行准确的判断并给予积极的干预。教师可以从以下几个方面考虑。

（1）违规行为动机与目的的判断。判断学生的动机是故意的还是无意的。如果是故意的，还要看是对教师不满、对同伴不满还是为了吸引教师注意力；如果是无意的，教师就要灵活处理。

（2）违规行为是否受当时情境的影响。情境的分析也有助于教师客观分析学生违规行为出现的背景，帮助教师判断学生行为是否是偶然发生的。

（3）违规行为与学生人格特质、身心健康状况、家庭状况之间的关系。这方面的分析有助于教师不“就事论事”，而是科学分析影响学生行为的成长环境以及人格特质，进而可以准确找到改变学生不良行为的要点。

（4）违规行为与学生日常表现之间的关系。这方面的判断有助于教师分析学生违规行为的出现是偶然性的还是经常性的。

（5）违规行为与学生对问题认识及态度之间的关系。当学生出现违规行为后，教师观察学生的反应也很重要。教师可以分析学生是否对自己的行为有反思、有改正意识。如果学生自身能够认识到错误，教师应给予谅解和支持。

（6）违规行为与后果的严重程度。教师可以根据学生行为造成的后果来判断给予学生哪个程度的惩戒。

四、个别问题，要特别解决

每个班级里总会有一些所谓的“刺头”，这些学生可能会由于习惯、心理、性格、个性、家庭等因素，出现不服从班级规定、不服管教、经常破坏班规等问题。这类学生更加考验教师的管理艺术。

（一）情感关怀，走心很重要

对于这类学生，一般情况下，用常规的班规惩戒方法是不能解决问题的，反而会导致学生更加逆反，更加排斥教师和班级，恶化师生之间、生生之间的关系。这类学生出现的违规问题，往往受学生思想、情感、情绪等非智力因素影响，更需要教师给予他们适宜的引导。

为此，针对“刺头”学生，教师分析原因，进而对症下药甚为关键。第一，教师应让学生体会到，教师不是从班级取得好名次等功利角度对其有所要求的，而是真正关心其成长，发自内心地热爱学生。当教师获得学生的信任后，教师再了解学生破坏规则的原因，是故意，还是闹情绪，抑或是无法控制。第二，教师可以给这些学生适度的空间，让其能够在调试自我成长与制度生活之间找到一个“弹性空间”。这个“弹性空间”能给学生更多自主成长的时间和空间。第三，教师要帮助学生认识和认同什么才是真正的优秀，与他们一起发现自己的优势，帮他们明确自己的发展方向。第四，教师要给予学生切实的帮助和提供具体的方法，在提高学生自身能力的基础上帮助他们树立自信，进而树立正面的自我形象。如果学生依然会有破坏规则的行为，教师可以尝试与学生制定行为协议。

如：某班主任就是采取聊天的方式“解决”了班里几个“刺头”的。第一步，从学生的喜好入手与学生聊天，学会赞美学生，挖掘学生的优秀品质，让学生感受到教师对他们的关注与爱。第二步，基于学生现状调动学生内驱力，让学生看到自己心目中理想的形象，努力树立全新的自我。第三步，借助集体的力量，帮助学生找到改变自我的方法，班主任可以联合相关力量给予学生方法的指导，让学生切实感受到改变的喜悦，让学生在一点点改变中学会坚持。

案　例

我找了最爱说笑的学生谈心。他其实也十分苦恼，爱说闲话的毛病困扰他很久了，为这事他没少挨批评，自己也无数次下决心改正，可就是管不住自己。我开始观察他的表现。一天早上，在上操前的背诵时间，我发现其他学生都很投入地看书背诵，只有他东张西望。我突然意识到他说话的原因了。他没有计划、没有目标，因为无所事事，所以大脑就像雷达一样搜索干扰目标，一旦找到目标，说笑打闹就成了自动化运行。苏霍姆林斯基说过：“有一种可怕的危险，就是学生坐在课桌后面的时候无所事事。”他的说笑源于他没有计划、没有目标。挖掘到了现象背后的实质，便可以深层次解决他的说笑问题了。

于是，在“我的班级我做主”主题活动结束后，我紧接着开展了“计划人生”习惯养成的系列活动。

1. 通过主题班会“计划人生”剖析潜意识自动化运行的特点，指出学生在制订计划过程中由于刻板、僵化导致计划形同虚设。

2. 给出具体的行为标准和操作方法：目标、编程、预演等。

3. 时刻提醒：桌子上张贴提醒卡；把计划内容写下来；让老师、同学也参与监督提醒。

4. 每天自我强化。通过成长记录，总结习惯养成过程中的点滴进步，不断树立信心。

5. 班主任叮咛鼓励。班主任批阅成长记录时，及时肯定学生做出的努力，同时对出现的懈怠行为进行指导。

6. 同伴榜样示范。每天选取进步明显的成长记录进行交流分享。

（摘编自王永辉《把管理危机变成班级成长》，载于《班主任》）

（二）当学生的不良行为是故意且持久时，才诉诸惩戒

当教师艺术性的管教不发挥作用，学生扰乱秩序属于主观故意，并对他人以及班级带来严重负面影响时，教师才应该用一般惩戒的方法。

对学生实施教育惩戒时应遵循的原则：

第一，清晰原则。学生犯错在什么情况下会得到惩戒尤其是严重惩戒，必须让学生事先知道，这依赖于制定班级奖惩制度是否清晰、是否让学生清楚明了。

第二，过程原则。教师在惩戒学生时，不能直接给予惩戒的结果，不能直接从学生违规行为到惩戒措施，中间还应该包含阶段性的教育手段，如：找学生谈话、找家长谈话、警示、警告等，从教育、警告，再到中度惩戒、重度惩戒。

第三，教育原则。对于大多数不太严重的违规行为，教师都可以采取以教育引导为主的相对简单的干预行为，以防止问题升级。当有多种能达到同样目的的措施时，教师应选择对学生权益损害较少的措施。教师应在尽量不影响整体课堂、班级氛围以及不引起全班同学关注的情况下，制止学生的干扰行为。

第四，一致性原则。处罚的轻重与教育效果的好坏之间并不是一致的，处罚重不一定教育效果就好。所以，本着服务学生成长的原则，教师要慎重选择惩戒方式和惩戒尺度。教师要避免惩戒的负面影响太大，对学生成长带来过多的副作用。

第五，阶段差异性原则。在道德成长路上，每个人的发展阶段和成长速度都是不同的，所以，教师在面对不同阶段的学生出现的不同类别的错误时，应根据学生年龄、性别、身心特点、认知水平选择适当的惩戒措施，以达到最佳的教育效果。

第六，惩戒适合违规者原则。严厉的惩戒除了让学生滋生仇恨情绪外，对改变学生没有多大帮助。所以，面对学生违规行为，教师要尽可能给学生选择惩戒方式的权利。选择性的惩戒行为本身就是给学生提供主动面对错误、主动改正错误的机会。

第七，方向指导原则。惩戒可以给学生一定的心理警戒，但切不可过多、过重，否则学生会形成“无所谓”或者“罚错相抵”的心理。惩戒的最终目的是要让学生认识到教师行为的出发点是为了学生的成长，因此，惩戒的同时给学生提出改正和发展的方向更为重要。为此，面对学生违规行为，教师可以与学生一起制订改正计划。

第八，反思评判原则。教育需要惩戒，但并不意味着教师的惩戒一定是科学的，教师也是在不断的经验积累和反思中提升自己的教育能力的。在对学生进行批评教育、实施惩戒措施时，教师应时刻审视自己实施的惩戒措施是否合理、方法是否科学、对学生是否有负面伤害、是否把惩戒与教育相结合，以达到以惩促改、以戒促育的效果。

（三）方法千万条，核心只一条

在规则视域下，教师对违纪学生的处理思路是学生触犯了规则，那就应该接受惩戒，教师采取的惩戒措施一般会有罚站、扣分、请家长。导致教师形成这种处理思路的是“制定了规则就要执行，违背了规则就要受到惩戒”的思想。这样的处理思路看似没有问题，但规则视域下的教育处理方式容易使教师看不到规则背后的人，看不到规则除了制约人之外更重要的是引领人的本质，对正在成长的未成年学生来讲更是如此。如果教师赋予规则至高无上的地位，除了让学生讨厌规则、害怕规则之外，规则对学生卓越品质的培养并没有发挥其应有的价值。

在伦理视域下，教师对违纪学生的处理思路是教师更强调学生基于规则来思考自己的行为，教师不仅要引领学生看到自己做了怎样的行为，还要引领学生去分析行为的性质及给他人和集体造成了怎样的消极影响，结合“善”“美德”“友爱”“公正”等德性分析自己应该成为怎样的人，拥有什么品质及行为的人才是具有公共道德修养的人。

假如学生上课扰乱课堂秩序，教师最好不要急于表达自己的不满或者对学生进行处罚，而应分析学生为什么捣乱课堂，他遇到了什么困难，我是否给予他帮助。假如学生确实故意扰乱课堂，教师也不要只处罚了之，而应采取谈话的方式表达自己作为教师难受、不开心的消极情绪，让学生感同身受，学会体谅他人的情绪，学会关心他人的能力；教师也可以找恰当的机会设计角色体验的场景，让故意扰乱课堂秩序的学生扮演教师的角色去体验教师的感受。伦理视域更注重激发学生内在的情感以及自我发展的内驱力，注重激发学生内生性道德品质的生成，从而使学生理解、认同规则，体会规则背后蕴含的伦理价值。

案 例

初二女生的悲剧

第一节晚自习下课时，雷某和七（3）班的李某发生冲突。第二天上午第二节课上课后，班主任周老师让雷某先回避，然后让全班学生就近期雷某经常严重违反班纪班规的现象做了一个测评：是留下来给她一次改正错误的机会，还是让其家长将其带走家庭教育一周？有26人选择让她回家接受教育一周，12人选择再给她一次机会。随后，周老师电话通知了雷某的母亲，让她立即来学校配合处理此事。结果，雷某在多重压力下选择结束自己的生命。

（摘编自奚春山《全班同学投票逼死花季女生　律师称属于变相体罚》）

马卡连柯认为，在惩戒问题上，不能开出一张通用的药方。每一种行为都是带有个别性质的。在某些情形下，即使对非常严重的过失，最正确的方式也只是采用口头责备。在另一些情形下，即使不是很严重的过失，也应给以严厉的惩戒。

马卡连柯特别强调，惩戒的出发点是整个集体，惩戒是集体影响的形式，借助惩戒来培养学生的纪律意识。教师实施惩戒应该满足如下要求。

（1）惩罚不是目的，不应该只是使人的肉体受痛苦。

（2）只有被惩罚者理解到全部的问题在于集体是在维护共同的利益的时候，换句话说，只有他知道集体要求他做什么和为什么这样要求他的时候，惩罚才是有意义的。

（3）只有集体利益真正遭到损害，并且破坏者无视集体的要求，公然而且有意地进行这种破坏的时候，才应当使用惩罚。

（4）在某些情形下，如果破坏者声明，他服从集体命令，准备以后不再重犯错误（当然，只要这种声明显然不是欺骗的话），惩罚应当取消。

（5）惩罚内容本身并不重要，重要的是惩罚事实的本身以及表现在这一事实上的集体的谴责。

（6）惩罚应当是教育。被惩罚者应真正认识到，为什么要惩罚他，并且理解惩罚的意义。

（7）如果学生犯错，应当考虑到该学生过往在集体中的表现，考虑到他的性格，考虑到对他已经采用的影响方法。

（8）在加以惩罚之前，必须和学生进行谈话。

（9）一般来说，应当尽可能地少处分，只有当非处分不可时，当处分显然是合适的并得到公众舆论的支持时，才应当处分。①

① 马卡连柯. 马卡连柯教育文集：上卷［M］. 吴式颖，等，编. 北京：人民教育出版社，1985：284-285.

参考文献

［1］艾斯奎斯．第56号教室的奇迹［M］．卞娜娜，译．北京：光明日报出版社，2014．

［2］伯登．成功地经营你的班级［M］．张艳华，译．北京：中国轻工业出版社，2007．

［3］伯查德．能力都是逼出来的［M］．王冬佳，译．北京：中国友谊出版公司，2018．

［4］布迪厄，华康德．实践与反思：反思社会学导引［M］．李猛，李康，译．北京：中央编译出版社，1998．

［5］Carter，M A. Social rules according to young children［J］．Australasian Journal of Early Childhood，2016（2）：32．

［6］曹颂雄．浅谈班级管理艺术［J］．赤峰学院学报（自然科学版），2009（7）：180–181．

［7］常芬，蔡国春．教育惩戒管理中契约精神的引入与践行［J］．教育探索，2022（2）：71–76．

［8］陈峰．聚焦“小组”，激活班级文化建设内生力［J］．基础教育论坛，2022（6）：12–13．

［9］戴春梅．小学低段动态班级文化活动设计［J］．教学与管理，2021（35）：21–22．

［10］杜时忠，张添翼．三论制度何以育德［J］．教育学报，2020，16（4）：20–29．

［11］杜时忠，张添翼．教育制度和教育政策的伦理属性及其实现［J］．中国教育科学，2017（4）：90–186．

[12] 杜时忠．“班主任制”走向何方？[J]．教育学术月刊，2016（11）：3-10．

[13] 杜时忠．德育十讲：制度何以育德[M]．武汉：华中师范大学出版社，2019．

[14] 方明．陶行知教育名篇[M]．北京：教育科学出版社，2005．

[15] 高德胜，殷秀芳．对教育惩戒核心问题的追问[J]．中国教育学刊，2022（2）：51-58．

[16] 高洁．班规的制定：基于“规则”的哲学审思[J]．当代教育科学，2021（5）：56-61．

[17] 郭毅．班级管理学[M]．北京：人民教育出版社，2002．

[18] 哈贝马斯．公共领域的结构转型[M]．曹卫东，王晓珏，刘北城，等，译．上海：学林出版社，1999．

[19] 黄向阳．德育原理[M]．上海：华东师范大学出版社，2000．

[20] 黄欣容．中小学班规德育价值的缺失及其回归[J]．西北成人教育学院学报，2021（6）：66-70．

[21] 金生鈜．规训与教化[M]．北京：教育科学出版社，2004．

[22] 雷槟硕．教育惩戒权行使的目标：培育规则意识[J]．复旦教育论坛，2019，17（4）：34-40．

[23] 李秀萍．“管”与“育”的边界与融合：基于班级奖惩机制的分析[J]．教育导刊，2021（2）：66-71．

[24] 李秀萍．把握德育基本原则 发挥班级育人力量[J]．班主任，2018（4）：5-8．

[25] 李秀萍．班级日常制度生活的构建[J]．教学与管理，2019（19）：24-27．

[26] 李秀萍．不一样的班级管理：价值观教育的实用策略[M]．上海：华东师范大学出版社，2014．

[27] 李秀萍．从规则视域走向伦理视域：提高中小学生道德素养的范式转型[J]．天津师范大学学报（基础教育版），2018，19（3）：25-29．

[28] 李秀萍．教师实施教育惩戒的三个“追问”[J]．中国教师，2021（11）：15-19．

［29］李秀萍．三种视域下的班级制度建设路径解析［J］．教学与管理，2021（1）：27-30.

［30］李秀萍．新时期班级管理范式的变革［J］．基础教育参考，2021（4）：36-38.

［31］李泽厚．哲学纲要［M］．北京：中华书局，2015.

［32］梁智敏，袁毓玲．现代学校教育惩戒的“三线”范式［J］．教学与管理，2022（9）：36-38.

［33］林一钢，陈晓庆．班规的制度德性审视［J］．当代教育科学，2021（8）：12-18.

［34］刘长海．做有品位、高效能的学生管理者［J］．现代教学，2021（10）：1.

［35］刘长海．德法共治，引领学生自主自治［J］．福建教育，2021（21）：1.

［36］刘长海．经典自律理论对新时代学校德育转型的启示［J］．国家教育行政学院学报，2020（4）：12-25.

［37］罗杰斯．课堂行为管理指南［M］．鞠玉翠，等，译．上海：华东师范大学出版社，2019.

［38］马雷军．让学校和教师有底气地去实施教育惩戒［J］．青少年法治教育，2021（3）：5.

［39］蒙台梭利．发现孩子［M］．李芷怡，编译．北京：北京理工大学出版社，2015.

［40］帕丁．教师课堂实用手册：适用于新老教师的实用策略和管理技术［M］．徐富明，杨阿丽，张爱宁，译．北京：中国轻工业出版社，2006.

［41］裴娣娜．为了每一个学生：中国课堂教学改革40年的实践探索［J］．中小学管理，2018（11）：17-22.

［42］裴娣娜．学习力：诠释学生学习与发展的新视野［J］．课程·教材·教法，2016，36（7）：3-9.

［43］裴娣娜．课程改革要基于学生发展的视角［J］．北京教育（普教版），2018（3）：77.

［44］皮亚杰．儿童的道德判断［M］．傅统先，陆有铨，译．济南：山东教育出版社出版，1984.

［45］秦鑫鑫，范勇，沈健．学生家长对教师教育惩戒的支持现状与影响因素研究［J］．中国人民大学教育学刊，2022（1）：114-131.

［46］沈东云．优秀是教出来的［M］．北京：中国长安出版社，2009.

［47］孙嘉蔚．班级生活的公共性考察［D］．上海：华东师范大学，2019.

［48］王良胜．教育惩戒的“制”与“度”——以治理校园网络欺凌为例［J］．安徽教育科研，2022（9）：84-85.

［49］王永辉．把管理危机变成班级成长［J］．班主任，2017（4）：16-18.

［50］韦伯．学术与政治：韦伯的两篇演说［M］．冯克利，译．北京：生活·读书·新知三联书店，2005.

［51］肖振南．班级治理：以“平等”和“对话”重构班级管理［J］．教育理论与实践，2016，36（2）：24-26.

［52］解立军．制定教师教育惩戒权实施细则的一些立法考量［J］．人民教育，2019（23）：22-26.

［53］许倬云．中国文化的精神［M］．北京：九州出版社，2018.

［54］叶飞．从“控制”走向“治理”：基于“治理”理念的学校公共生活探析［J］．湖南师范大学教育科学学报，2014，13（3）：40-45.

［55］尹冬平．小学班级制度建设研究［D］．哈尔滨：哈尔滨师范大学，2017.

［56］张娟英．教育惩戒之我见［J］．教书育人，2022（8）：14-15.

［57］章乐．“公共人”培育的双重困境及其出路［J］．教育理论与实践，2019，39（1）：53-56.

后　记

我是一个喜欢钻研的人，十五年来一直关注班主任这个领域的研究。正如人们常说的一句话，班主任是世界上最小的“主任”，却是最忙的“主任”，也是对学生一生成长最重要的“主任”。刚开始接触班主任这个领域时，我是带着崇敬与困惑的。崇敬来源于对班主任的敬佩，因为他们是学生最亲近的老师，他们用最朴素的教育理念塑造了一个个有趣的灵魂，让学生在班级里健康成长。困惑来源于班主任工作的性质，班主任是学校里最繁忙的、日常杂务最多的人，他们不仅要完成学校里各种上传下达的任务，而且要建设独特的班级文化，给学生创建成长的家园。班主任是如何处理这些事情的呢？尤其是面对个性不一的学生，他们是怎么通过一系列班级工作形成有凝聚力的班级的呢？正是带着这样的困惑，我走进了学校，通过与优秀班主任访谈、观察班级生活、带着一线班主任开展课题研究等，开始了对班主任工作的深度“解读”。后来，我又通过对班主任的个别指导、参加班主任工作经验总结交流会以及对班主任的系列培训开展了系统的研究。

俗话说，研究源于困惑。我发现，越深入走进班主任这个领域，困惑越多。诸多的困惑中既有一线班主任提出的“问题”，更有自己向自己提出的“问题”。正是在解决这些“问题”的过程中，我也阅读了很多的理论书籍，尝试从不同学科、不同视角来对这些“问题”进行解决。正是在这些“问题”的推动下，我先后围绕“班级价值观教育”“主题班会”开展了研究，出版了《不一样的班级管理：价值观教育的实用策略》《班会课怎么上才有效？》等专著。价值观教育以及开展活动是班主任的两项核心工作，这两本专著对此给予了回答。

随后，我发现班级管理是班主任工作中的一个“短板”，管理工作虽是常态，每个班主任可能会觉得自己管理起来“得心应手”，但深入进去，我们就会发现这种“得心应手”背后有很多“错误”的经验，甚至隐藏着“低效教育”“负面教育”。

同时，在实践中，班级管理也是最容易引发师生冲突、生生冲突乃至家校冲突的“导火索”。为此，结合班主任们提出的很多困惑，我开始尝试“回答”，最终围绕“班规”“制度”这两个点形成了这本专著。这本专著是对班级管理的一个深入研究，同时也是对前面两本专著的回应。因为对学生开展价值观教育、对班级进行管理是相辅相成的两个方面，我们不可割裂理解。

至此，我分三个阶段研究了班主任工作的三个核心问题：学生价值观教育、主题班会的开展、班级管理。俗话说，“千头万绪汇成一根针工作”，班主任工作一定有最关键的要素，作为研究者，我的任务就是要通过研究带领班主任拨开“千头万绪”，寻找“一根针”的关键。

这本专著的出版，意味着我对班级常规管理进行了自己比较满意的回答。当然，班主任工作还有很多值得研究的地方，因为班主任工作是事关学生成长的大事，是事关立德树人的大事。班主任工作中的一个小细节可能就会影响一个孩子的终身。因此，我们总是需要不断去思考这些细节，包括细节的属性、要素、内涵等，而这些困惑又会打开我们更多的研究视野。

在学术研究过程中，我特别感谢北京教育科学研究院班主任研究中心搭建的平台，这是一个高端学术平台，借助各种项目开阔了我的视野；特别感谢各个学校还有优秀的班主任们，他们是我思想的沃土，很多想法都是在与他们交流的过程中形成的，文中引用了很多班主任的做法及案例，如有标注遗漏之处，还请老师们谅解；特别感谢广州市教育研究院的李广超教授，这本专著的出版得于一种机缘和认可；特别感谢广州出版社的认可和帮助以及编辑老师的细致打磨。

最后，我希望这本著作能对班主任研究理论的发展有一定的推动作用，能对一线班主任发挥思想引领作用。但由于个人能力有限，书中还有很多不足之处，也希望读者提出宝贵建议。

李秀萍

2022年4月